金融学省级重点学科经费资助项目

跨国公司、产业集聚提升区域竞争力研究

——以长三角地区为例

曹衷阳 著

中国社会科学出版社

图书在版编目（CIP）数据

跨国公司、产业集聚提升区域竞争力研究：以长三角地区为例/曹衷阳著.—北京：中国社会科学出版社，2017.4
ISBN 978 - 7 - 5203 - 0341 - 5

Ⅰ.①跨⋯ Ⅱ.①曹⋯ Ⅲ.①跨国公司—投资—影响—区域经济发展—竞争力—研究—中国②产业经济—影响—区域经济发展—竞争力—研究—中国 Ⅳ.①F832.6②F121.3③F127

中国版本图书馆 CIP 数据核字（2017）第 099939 号

出 版 人	赵剑英	
责任编辑	李庆红	
责任校对	王佳玉	
责任印制	王　超	
出　　版	中国社会科学出版社	
社　　址	北京鼓楼西大街甲 158 号	
邮　　编	100720	
网　　址	http：//www.csspw.cn	
发 行 部	010 - 84083685	
门 市 部	010 - 84029450	
经　　销	新华书店及其他书店	
印　　刷	北京明恒达印务有限公司	
装　　订	廊坊市广阳区广增装订厂	
版　　次	2017 年 4 月第 1 版	
印　　次	2017 年 4 月第 1 次印刷	
开　　本	710×1000　1/16	
印　　张	13.5	
插　　页	2	
字　　数	196 千字	
定　　价	59.00 元	

凡购买中国社会科学出版社图书，如有质量问题请与本社营销中心联系调换
电话：010 - 84083683

目　录

第一章 绪论

第一节 研究背景

随着科学技术的日新月异，经济全球化和国际分工不断深入，各国、各地区都面临着更加激烈的国际化和市场化的竞争，国际竞争国内化、国内竞争国际化的趋势日趋明显。竞争不再以国家为单位进行，而是更多地表现为区域间的竞争。区域竞争力的强弱日益成为衡量一个地区是否具有经济实力、是否具有经济发展潜力的标志。产业集聚可以较大幅度地降低企业交易成本，激励企业进行创新，是区域竞争力提升的重要推动力之一，它已成为全球性经济发展的潮流，并逐渐演变为各国产业经济发展的主流模式。越来越多的国家和地区纷纷出台各种政策、措施来发展产业集聚，将其作为产业发展的战略途径，以期达到快速提升区域竞争力的目的。

在一些发达国家的地区，产业集聚区已形成强劲的竞争优势，有力地促进了区域竞争力的提升，如世界闻名的硅谷高技术集聚、加利福尼亚的娱乐业集聚等。改革开放以后，我国在特定地区开始出现产业集聚现象，并快速地进入发展时期。目前，全国多个省份均存在产业集聚区，但主要集中在长三角、珠三角地区等。各地纷纷出台各种政策、措施来发展产业集聚，如 2009 年江苏省提出了《江苏沿海地区发展规划》，指出以国家级和省级开发区为载体，明确产业发展方向，按照产业链优化项目选择和空间布局，形成产业集聚区；发挥外资对产业升级和技术扩散的促进作用，积极承接国际产业转移，重点引进高技术产业和先进制造业项目；支持跨国公司在江苏沿海地区设立总部和研发中心等；鼓励企业与国际跨国公司进行合作配套，促进形成产业集聚区，以期发展区域经济，增强区域竞争优势，提升区域竞争力。

在经济全球化的背景下，跨国公司是连接全球经济与集聚区域的纽带，能够实现集聚区地方性网络组织与世界市场的接轨，成为推动产业集聚形成与发展的重要力量。20世纪90年代后，一些欧美大型跨国公司开始加速在中国的战略性投资布局，国内各地政府争相利用政策吸引外资，利用外资项目带动本地产业集聚形成与发展，在东部沿海许多地区出现了一批以大型外资项目带动的区域产业集聚区。如上海大众汽车带动上海周边汽车配套产业集聚区的形成与发展。在这个阶段，长三角地区的外资导向型产业集聚区呈现快速发展的态势。20世纪以来，在对外开放政策与跨国公司投资战略的综合作用下，我国逐渐形成长三角、珠三角等跨国公司主导型产业集聚区。

长三角地区拥有跨国公司所看重的大量低成本、高素质的劳动力，完善的产业基础，良好的市场环境，稳定开放的政策环境，这些因素吸引了跨国公司的大量涌入，并形成跨国公司主导型制造业产业集聚区。该地区经济发展势头迅猛，产业集聚程度呈现逐年上升趋势；另外，长三角地区相关资料较为丰富，数据可得渠道相对较多，有助于实证研究的进一步开展，为理论分析提供有力支撑，一直以来都是学术界研究产业集聚与区域竞争力长期关注的重点区域。从20世纪90年代中后期起，跨国公司就开始大规模进入长三角地区，并逐渐成为该地区外资和外贸的主导力量之一。截至2011年，我国长三角地区实际利用外资额为564亿美元，占全国利用外资总量的48%左右，跨国公司技术使该地区的技术水平不断提高，成为促进经济快速增长的主要推动力之一。随之，长三角地区的上海市、江苏省和浙江省的制造业产业集聚水平呈现出上升的趋势。

波特（1990）对产业集聚与区域竞争力两者之间的关系进行了描述，指出产业是研究区域竞争力的基本单位，一个区域的成功并非来自某一项产业的成功，而是来自纵横交织的产业集聚区，这些产业集聚区弥补并提供竞争优势，反映了经济的发展；生产要素，作为钻石体系中的四大关键要素之一，是影响产业集聚的重要因素。① 随着经济全球化和新技术革命浪潮的加速推进，跨国公司对于产业集聚正发挥着越来越重要的作用，跨国公司的资本、技术等要素在经济发展中的作用日益突出。跨国公司的参与作用，更重要地体现在通过资本、技术等要素投入，促进区域内产业集聚的形成与发展，并进一步影响到区域经济的发展和区域竞争力水平。

系统总结国内外相关文献，一些学者对于区域竞争力进行了研究，并在研究中指出了产业集聚对区域竞争力提升的影响作用，但这些研究较少涉及产业集聚对区域竞争力具体构成因素的影响，研究方法多采用定性分析。鲜有研究从跨国公司角度切入，将跨国公司、产业集聚与区域竞争力三者置于一个统一的框架中，对跨国公司影响产业集聚并进一步提升区域竞争力进行深入探讨。这就给我们留下了一些疑问：跨国公司在一个区域内的投资和技术如何影响该区域产业集聚形成与发展，产业集聚的形成与发展后又是如何进一步带动区域竞争力提升？跨国公司对产业集聚以及产业集聚对区域竞争力的影响在时间上具有滞后性吗？产业集聚形成基础不同的区域，跨国公司技术对产业集聚影响的形式是否一致？产业集聚影响了区域竞争力的哪些具体构成因素？这对于理解我国现有的区域发展规划与政策以及提出新的区域发展策略具有帮助吗？要解答以上疑问，就必须将跨国公司、产业集聚与区域竞争力三者置于一个统一的框架中进行研究。

---

① 迈克尔·波特 1990 年在《国家竞争优势》一书中提出的钻石体系中四大关键要素为：生产要素，需求条件，相关产业与支持性产业，企业战略、企业结构和同业竞争。

鉴于以上分析，本书以国家竞争优势理论为理论基础，阐述跨国公司促进产业集聚进而促进区域竞争力提升的内在机理，接着从宏观与微观两个角度进行实证研究，最后提出促进区域竞争力提升的相关政策建议。

第二节　理论意义与现实意义

一　理论意义

国家竞争优势理论对产业集聚与区域竞争力之间的关系进行了深入的探讨，自 20 世纪 90 年代初期以来，在理论界与现实中均得到了高度的认可。随着全球经济一体化的加速推进，跨国公司在产业集聚中的作用逐渐凸显并日益加深。尽管波特并未否认一个集聚区国际联系对竞争力的潜在贡献，但仅放在相对次要的位置上。国家竞争优势理论（钻石模型）未对跨国公司的价值进行过多考虑。

本书将跨国公司推进产业集聚、提升区域竞争力引入到波特国家竞争优势理论框架中，针对跨国公司对我国产业集聚以及产业集聚对区域竞争力的影响进行系统研究，丰富了国家竞争优势理论，立足国际经济学、区域经济学、产业经济学等相关理论，有助于推动产业集聚和区域竞争力研究的进一步发展。

二　现实意义

许多发达国家如美国、日本等国家自 20 世纪初期就已经开始关注跨国公司对产业集聚的影响以及产业集聚对区域竞争力的影响，研究成果对产业集聚的发展及区域竞争力的提升发挥了重要的指导作用。但我国有关跨国公司主导型产业集聚及区域竞争力的相关研究出现得较晚，目前研究也主要集中在 FDI 产业集聚效应、产业集聚形成机制、产业集聚与区域竞争力的影响因素、区域竞争力的评价等方面，而把跨国公司与产业集聚、区域竞争力三者置于统一的框架下进行系统研究的文献相对不足。

随着经济全球化的逐渐加深，大型跨国公司开始加速在中国的战略性投资布局，其正日益成为中国区域产业集聚形成与发展的重要力量，并进一步带动区域竞争力的提升。在经济全球化的浪潮下，我国各区域间通过跨国公司参与国际分工，并加强了与世界市场的联系，区域之间的竞争逐渐加剧，面临的问题和障碍越来越多。本书从跨国公司投资与技术的角度破解了我国产业集聚形成与发展并带动区域竞争力提升的问题，为各地政府相继出台的招商引资政策、利用外资项目带动本地集聚形成与发展等政策提供合理的解释，对今后有关部门制定相关政策具有重要的参考价值。

第三节　研究思路与结构框架

跨国公司、产业集聚、区域竞争力三者之间虽然存在互动机理，鉴于本书重点探讨"跨国公司影响产业集聚形成与发展、产业集聚形成与发展进而促进区域竞争力的提升"，故本书根据跨国公司自身的特点，将其引入到我国产业集聚与区域竞争力的研究框架之中，具体研究思路如下：

第一，基于国家竞争优势理论，在现有研究成果的基础上，将跨国公司、产业集聚和区域竞争力三者置于一个统一的框架下，探讨了跨国公司投资与技术对产业集聚影响机制、产业集聚对区域竞争力的影响机制。

第二，在此基础上，采用实证方法对理论观点进行验证。首先，从宏观视角系统探讨跨国公司对产业集聚的影响效果及产业集聚对区域竞争力的影响效果。接着，将研究深入至微观层面，从微观视角系统探讨跨国公司对产业集聚的影响效果及产业集聚对区域竞争力的影响效果，并验证宏观、微观研究结论的一致性。

第三，充分结合跨国公司影响产业集聚、产业集聚进一步提升区域竞争力的理论分析与实证结果，提出我国充分利用跨国公司优势推动产业集聚、提升区域竞争力的对策措施。

一　宏观视角

考虑到长三角地区为跨国公司主导型产业集聚区的代表区域，本书从宏观视角出发，选取长三角地区的上海市、江苏省和浙江省为研究对象，研究跨国公司在长三角地区三省（市）资本投入和技术投入对长三角地区制造业产业集聚的影响，进而探讨长三角地区制造业产业集聚对长三角地区区域竞争力的影响。宏观视角的研究可以从宏观层面上反映跨国公司对产业集聚、产业集聚对于区域竞争力的影响。

由于长三角地区三省（市）经济基础、产业集聚基础以及区位优势等条件具有差异性，跨国公司投资和技术对三省（市）制造业产业集聚程度以及区域竞争力影响会呈现出数量和结构上的差异，因此，在从宏观视角出发进行的研究中，将针对跨国公司投资、技术投入对长三角地区三省（市）制造业产业集聚的影响程度和路径、制造业产业集聚水平对区域竞争力的影响程度和路径分别进行分析，并作出进一步对比分析。

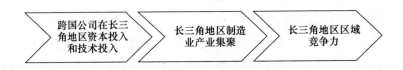

图 1 -1　宏观视角分析步骤和构架

二　微观视角

许多学者从宏观视角来探讨竞争力问题，并得出了一些结论，但学者们也认识到这些研究尚不充分。微观层面是现实中更为具体与基础的层面，因而微观视角的研究至少与宏观视角的研究一样重要，甚至更为重要。[①] 考虑到苏州工业园区是长三

---

① 迈克尔·波特：《国家竞争优势》，李明轩译，中信出版社 2012 年版。

角地区典型的跨国公司主导型制造业产业集聚区,故在微观层面
的研究中,选取苏州工业园区为研究对象,探讨跨国公司在苏州
工业园区的资本投入和技术投入对苏州工业园区制造业产业集聚
的影响,进而研究苏州工业园区制造业产业集聚对苏州市竞争力
的影响。

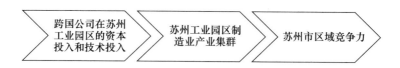

图 1 - 2 微观视角分析步骤和构架

三 结构框架

本书包括以下七个部分:

第一章 绪论。首先对研究背景与选题意义进行阐述,接着
详细介绍了研究框架及思路,并对研究的创新点与不足进行了
阐述。

第二章 理论基础与文献综述。本章首先对跨国公司、产业集
聚及区域竞争力的概念进行了界定,论述了产业集聚与区域竞争力
相关理论演进,其中重点对全书研究的理论基础——国家竞争优势
理论进行解释。其次,在理论分析的基础上,对跨国公司对产业集
聚的影响、产业集聚对区域竞争力的影响的国内外研究相关文献进
行了梳理和评析。最后,对相关研究进行总体评述,指出现有研究
的缺陷和不足,探求本书研究的视角。

第三章 跨国公司、产业集聚与区域竞争力的评价与方法选择。
本章根据已有理论与相关研究,分别确定了反映跨国公司投资和技
术、产业集聚与区域竞争力的具体指标,并在对各方法的优劣点及
适用性进行比较的基础上,对本书选取的产业集聚和区域竞争力的
度量方法进行详细介绍,选取区位熵的方法来度量产业集聚,选择
逼近理想解排序(TOPSIS)的方法对区域进行综合评价。

第四章　跨国公司对产业集聚的影响分析——以长三角地区为例。本章首先对跨国公司对产业集聚影响的作用机制进行研究。其次，以跨国公司主导型产业集聚的代表区域——长三角地区为研究对象，分别对长三角地区跨国公司投资和技术现状、制造业产业集聚现状进行了描述性分析。再次，利用灰色关联分析模型，针对跨国公司资本和技术对制造业产业集聚的影响进行实证研究。最后，对实证结果做进一步的分析。

第五章　产业集聚对区域竞争力的影响分析——以长三角地区为例。在本章研究中，首先，详细阐述了产业集聚对区域竞争力影响的作用机制。其次，对长三角地区制造业产业集聚现状以及区域竞争力现状进行了详细的探讨。最后，对产业集聚对区域竞争力的影响进行了实证研究，并对研究结果进行了深入分析，全面考察产业集聚促进区域竞争力提升的机制与路径。

第六章　跨国公司促进产业集聚提升区域竞争力分析——以苏州工业园区为例。本章首先对跨国公司影响产业集聚进一步提升区域竞争力的作用机制进行叙述，并总结了产业集聚的影响因素。其次从微观角度出发，以苏州工业园区数据为例，对其中的跨国公司投资和技术现状、制造业产业集聚、区域竞争力现状进行了描述性分析。最后，利用误差修正模型、灰色关联分析模型对苏州工业园区跨国公司投资、技术对制造业产业集聚、制造业产业集聚对苏州市竞争力的影响进行了实证研究，并对实证结果做进一步的分析。

第七章　研究结论与政策建议。本章首先总结全书，概括了全文的主要结论。其次在研究结论的基础上，提出相应的政策建议。

全书的结构框架如图 1-3 所示。

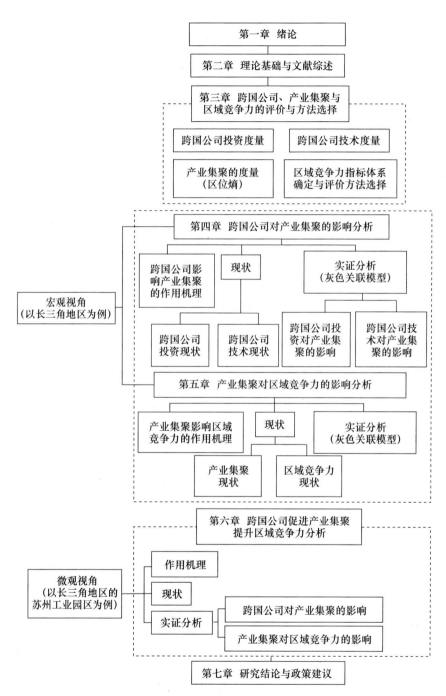

图 1-3 全书结构框架

第四节　创新与不足

一　本书的创新

第一，基于跨国公司视角研究跨国公司促进产业集聚提升区域竞争力。现有文献大多研究产业集聚对区域竞争力的影响，随着经济全球化程度的逐渐加深，一些学者已经开始着手研究跨国公司对产业集聚的影响，但多集中在跨国公司投资对产业集聚的影响上，有关跨国公司技术对产业集聚影响的研究相对较少，更鲜有学者将跨国公司、产业集聚与区域竞争力纳入一个统一的框架中进行系统研究。国家竞争优势理论对产业集聚与竞争优势进行了探讨，并得到了广泛的应用，但该模型对跨国公司的作用未给予充分关注，本书将跨国公司纳入国家竞争优势理论模型中，从跨国公司投资和技术要素投入切入，对跨国公司投资和技术促进产业集聚提升区域竞争力进行系统研究。

第二，对跨国公司投资和技术如何影响产业集聚的形成与发展，产业集聚形成与发展后如何提升区域竞争力的作用机制进行梳理，并分别从宏观和微观两个层面进行实证研究，这对于现有文献中较少涉及微观层面的研究以及宏观、微观相结合的研究而言是一种应用创新。进一步地，本书在研究过程中，针对跨国公司投资对产业集聚影响的滞后性、产业集聚对区域竞争力影响的滞后性进行了研究，并探讨不同地区的跨国公司技术是通过何种方式（直接引进、模仿创新、自主创新）来提高该地区的产业集聚水平，进而对各地区产业集聚提升区域竞争力的路径差异性进行了分析，扩展了现有研究的范围和内容，具有一定的新意。

第三，根据数据样本量与自身特点，选择更为合适的计量分析模型。在区域竞争力评价上，采用较为前沿的 TOPSIS 方法对长三角地区与苏州市等 13 个地区的区域竞争力进行分析，得出的结果更为科学与精确（以往学者多选择因子分析与权重方法相结合的方法进行相关研究，TOPSIS 方法不仅考虑了权重还考虑了距离因素，比单纯的权重方法更为精确）；在以长三角地区为例研究跨国公司推进产业集聚提升区域竞争力时，考虑到样本量相对较少，选取了灰色关联分析；在以苏州工业园区为例研究跨国公司推进产业集聚提升区域竞争力时，由于具备较为充分的样本量，应用趋势分解法、误差修正模型等时间序列计量分析方法，以得出更为科学的实证研究结果。以往研究中受到数据可得性的限制，鲜有学者选取苏州工业园区数据，针对跨国公司对产业集聚的影响进行定量研究，随着国家统计数据的积累与公开程度的加大，苏州工业园区数据日渐丰富，因此本书选取苏州工业园区时间序列数据针对跨国公司对产业集聚的影响进行定量研究，相对于国内多采用宏观研究与案例分析而言，是一种新的突破，具有探索性，并对现有研究形成了有力的补充。

二 本书的不足之处

本书虽引入跨国公司，以期系统地对跨国公司推进产业集聚提升区域竞争力进行研究，并得出若干个有参考价值的结论，但由于数据资料有限等原因，尚存在一些缺陷与不足，主要有以下几个方面：

第一，受国家相关统计年鉴等渠道中数据可得性与统计口径统一性等条件的限制，跨国公司技术数据样本量相对有限，本书未对跨国公司技术对产业集聚的影响进行动态分析，需要在后续研究中追踪数据更新，扩大样本量，以期得到更为科学的结论。

第二，限于时间和篇幅，且由于长三角地区跨国公司集聚的代表性，本书只选取长三角地区作为案例分析，确实存在一定局限性，在下一步的研究中会进一步充实数据和案例，以做更全面的分析。另外，由于数据资料获取的困难性，本书也未过多涉及其他产业，如第三产业，在研究对象的行业与区域界定上尚存在一定的局限性。

第二章　理论基础与文献综述

　　本章的主要内容包括三个方面：一是对跨国公司影响产业集聚、产业集聚影响区域竞争力的现有研究成果进行梳理，明确跨国公司、产业集聚与区域竞争力之间作用机制的研究基础；二是对相关基础理论的回顾，这为跨国公司促进产业集聚提升区域竞争力的科学性提供了理论支持；三是对相关文献中实证研究方法进行总结，为进一步的数量分析提供参考。

第一节　主要概念界定

一　跨国公司

　　跨国公司是生产和资本高度国际化的产物。作为国际化经营主体的跨国公司，其含义十分宽泛。随着企业之间、国家之间和市场之间边界日益模糊的新发展趋势，对跨国公司定义的修正也在不断地演变中。

　　Dunning（1993）定义跨国公司为从事 FDI 以及在一个以上国家拥有或控制价值增值活动的企业。UNCATD（1995）指出，跨国公司是由母公司及其国外分支机构组成的股份制企业或非股份制企业。UNCATD（1997）定义的跨国是指在一个国家或地区设立总部，由两个或更多国家的实体所组成的公有、私有或混合所有制企业。

　　从以上分析可以看出对跨国公司的概念至今尚未有一个统一的说法，归纳起来，本书将跨国公司定义为：从事 FDI 以及在一个以上国家拥有或控制价值增值活动的企业，是一个由彼此依赖的准市场交易关系所组成的组织，它包括设在两个或两个以上国家的实体，各实体通过股权或其他方式形成的联系，使其中的一个或几个实体有可能对别的实体产生重大影响，特别是同其他实体分享知识资源和分担责任。

二　产业集聚

Adam Smith（1776）首先提到了"集聚"一词，而明确的产业集聚（Industrial Cluster）概念却是由 Porter（1990）首次正式提出的。产业集聚的概念一经提出便引起了学术界的广泛关注，尤其是近年来有关产业集聚及其相关问题的研究更是成为学术界关注的热点。此后，国外许多学者对集聚的定义都作了积极的探讨（见表2-1）。

表2-1　　　　　　　　　　产业集聚的定义

作者（年份）	产业集聚的定义
Porter（1990）	是在某一领域内互相联系的，在地理位置上集中的一些公司和机构的集合。产业集聚包括一批在竞争环境中相互关联的产业和其他实体，也包括提供专业化培训、教育、信息和技术支持的政府和其他机构
Rosenfeld（1995）	是一些类似的、相关的或互补的企业在一定地理边界中的集合，它们有很多渠道积极地进行商业交易、信息交流与对话，彼此分享特定的基础设施，劳动力市场和服务，面对共同的机遇与威胁
Jacobs 和 De Man（1996）	为了获取新的互补技术、从互补资产和利用知识联盟中获得收益、加快学习过程、降低交易成本、克服或构筑市场壁垒、取得协作经济效益、分散创新风险，相互依赖性很强的企业、知识生产机构、中介机构和客户通过增值链相互联系形成网络即为产业集聚
Enright（1996）	是指相关企业相互紧密集中在一起
Swann 和 Prevezer（1998）	是指相关产业的大多数企业集中在某一特定的区位中

续表

作者（年份）	产业集聚的定义
Alan M. Rugman 和 Alain Verbeke（2003）	一系列的具有经济轨道的共同进化（和溢出效应）特征，或者有目的，或者有精力的内部联系组织
Sölvell、Lindqvist 和 Ketels（2003）	由相关产业、政府、学术机构、金融组织等组成的共同体
Asheim、Cooke 和 Martin（2006）	是指通过公共设施与服务性机构将内部各企业进行关联的共同体
徐康宁（2001）	是指相同的产业高度集中于某个特定地区的一种产业成长现象
魏江（2003）	是指所有成员企业和相关成员要素在地域上相互邻近，而且共同"锁定"于一个区域。所谓产业集聚的特性指该地域集聚的成员企业只从事某一产业和相关产业的生产和服务
王缉慈（2004）	是一组在地理位置上靠近的相互联系的公司和关联的机构，它们同处在一个特定的产业领域，由于具有共同性或互补性而联系在一起。产业集群具有专业化的特征

资料来源：根据相关文献整理。

　　综上所述，国内外学者基于不同的研究目的，对产业集聚进行了不同的定义，归纳起来，笔者认为产业集聚的概念应该具体包括以下内容：

　　（1）产业集聚是在地理位置上集中、在某一领域内相互联系的一些企业和机构的集合，这些企业和机构是在竞争环境中相互关联的产业和其他实体，具有共同性或互补性。

　　（2）企业在产业集聚网络中密切交换、交流和互动，以获取集聚区外企业所没有的竞争优势，企业获取不到额外的利益或竞争优势，就不会加入产业集聚区。

三　区域竞争力

　　国内机构和学者对区域竞争力的定义大多数都脱胎于国家竞争

力的内涵。从理论上理解，国家和区域都是一个不同行政管理层次的地域概念，借鉴国内外学者对国家竞争力内涵的研究来确定区域竞争力的内涵，也具有一定的科学性和合理性。国内外学者或研究机构对区域竞争力的定义尚未统一，他们从不同的研究角度分别提出了各自的见解，具有代表性的定义有以下几种：

表 2 - 2　　　　　　　　　区域竞争力的定义

作者（年份）	区域竞争力的定义
Michael Storper（1997）	是指一个地区经济能够吸引和保持本地企业稳定或提升本地企业市场份额，同时保持或提升当地居民的生活水平的能力
European Commission（1999）	区域竞争力是面对国际市场水平时，地区保持稳定的高水平收入的情况下，提供产品与服务的能力。更广义地说，是当面对高收入和就业水平的外部竞争时，区域所表现出的活力
OECD（2006）	区域竞争力是指在自由与公平的市场状况下，面对国际市场水平时，在长时间内保持或提高人民收入的情况下，地区提供产品与服务的能力
Michael Kitson（2004）	是指一个地区或城市比其他地区或城市在某些方面成功
P. K. Kresl（2007）	区域竞争力是一个城市或地区，同其他竞争城市相比，能够提供就业、收入、文化或娱乐、社会凝聚力、管理和区域环境，满足当前或目标居民需求的能力
Rutkauskas（2008）	区域竞争力是一个三维指示器，它取决于经济活动的领域、区域在国家中的领导地位、区域与国际经济关系和法律、金融、生态、自然资源及地理区位环境的竞争力
Vytautas Snieska（2009）	是指与其他区域相比，能够利用竞争力因素创造并保持住竞争位置的能力
J. Sinkiene（2009）	是指在一个具体的竞争区域（市场）中，与其他同类或追求相同目标的城市相比，一个城市通过对外部和内部环境的管理进而拥有资源和改进城市福利，保持竞争力位置的能力
郝寿义、倪鹏飞（1998）	是指一个国家或一个公司在世界市场上均衡地生产出比其竞争对手更多财富的能力

续表

作者（年份）	区域竞争力的定义
王秉安、陈振华（2000）	是一个区域为其自身发展在其从属的大区域中进行资源优化配置的能力，通俗地说，它是一个区域为其自身的经济发展对大区域中资源的吸引力和市场的争夺力
李宝新（2001）	是一个区域在政治、经济、社会基础建设、环境、科技等各个领域所能达到的先进程度的综合反映
赵修卫（2001）	是区域经济实力的优势表现，是指区域所特有的，在资源利用、产品开发、生产、市场开拓及服务中，与其他区域相比具有较大的竞争优势，且不易被其他区域所模仿或学习的综合能力与素质

资料来源：根据相关文献整理。

参照上述关于区域竞争力的定义，笔者认为区域竞争力应该包括以下内容：

（1）一个区域使其区域内企业或行业在一定的领域创造和保持竞争优势的能力。

（2）一个地区在政治、经济、文化、教育等各个领域所能达到的综合实力的强弱程度。

（3）区域的竞争收益主要体现在财政稳定增长、综合经济实力的增强、人民收入与人民生活水平的持续提高以及社会生产生活环境的改善等多个方面。区域竞争力也可以认为是某一区域在国内外竞争中所表现出来的优化资源配置、提高人民生活水平的能力。

第二节　相关理论发展

下面将对产业集聚、区域竞争力的相关理论演进分别做简单梳理，并重点介绍能够将跨国公司、产业集聚与区域竞争力三者置于一个统一框架中的国家竞争优势理论。

一　产业集聚研究的发展

Marshall（1890）最早对产业集聚现象进行直接研究，他使用了"集聚"的概念去描述地域的相近性和企业、产业的集中，首次指出集聚能产生正的外部效应。在 Marshall（1890）理论的基础上，产业集聚理论得到充分发展。Weber（1909）首次将集聚规模经济分析纳入到区位选择的理论中，并指出一定量的生产集中（集聚因子）可以在特定的空间产生利益，使成本降低。当集聚收益（节约）超过运输或劳动力费用时，便产生集聚，而这种集聚是通过企业间的分工与协作的共同作用所带来的。Weber（1909）的工业区位理论为西方经济学、经济地理学理论发展做出了巨大的贡献，从微观企业的区位选择角度阐明了企业是否相互靠近或集聚一地取决于这一选择结果的生产成本是否最低。Krugman（1991）的研究阐述了空间结构、规模经济与经济增长之间的关系，并提出了新空间经济理论，使集聚经济的思想得到了进一步的深化。Krugman（1991）的理论证明了企业和产业一般趋向于在特定的区位集中，在一定地域内工业生产活动的空间格局演化趋势将会是集聚。Porter（1990）从企业竞争优势获得角度对产业集聚现象进行了深入的研究，在其提出的钻石模型中，创新是企业竞争优势获得的根本途径，而产业集聚则为企业实现创新提供了一个非常有效的竞争环境。他认为，产业集聚一般通过三种形式影响竞争：一是通过提高该领域企业的生产效率；二是通过加快创新的步伐，为未来生产力的增长奠定坚实的基础；三是通过促进新业务的形成，鼓励新企业的产生，扩展并强化产业集聚本身来影响竞争。

二　区域竞争力研究的发展

随着 20 世纪 50 年代后生产力水平的提高与社会经济结构的变化，过分集聚、环境质量下降等问题相继出现，迫切需要调整各类区域范围的产业结构，充分、合理地利用有限的资源与空间。空间结构理论正是在这样的背景下应运而生，它主要解决两方面的问题：一是集聚效应导致城市的膨胀，使经济水平高特别是区域基础设施发达的地区越来越发达，落后地区与先进地区的差距越来越大，由此产生了谋求区域平衡发展的任务；二是区域社会经济发展与区域环境负荷之间的不适应。

Krugman（1991）指出：第一，在经济规模较大的区域中，前后向联系会导致制造业的持续集中，经济规模越大，集中倾向越明显。制造业在经济中的份额越大，运输成本越低，厂商的规模经济越明显，集中趋势越强。因此，中心—边缘结构的形成是由制造业份额、运输成本与规模经济共同决定的。第二，由成本与需求所致的前后向企业之间的联系是促进产业集聚形成与发展的两种重要力量，均对区域专业化具有促进作用。地区一体化与产业集聚之间表现为倒"U"形关系，当地区一体化位于中间位置时，最有利于形成由要素流动所引起的产业集聚，当地区一体化非常高时，产业将由中心向外围扩散。

Porter（1990）认为，国家竞争优势是指一个国家使其国内企业或行业在一定的领域创造和保持竞争优势的能力。它主要是由生产要素，需求条件，相关产业与支持性产业，企业战略、企业结构和同业竞争四个关键因素决定。这四个关键因素的每一组都可单独发生作用，但同时又对其他因素产生影响，四个因素结合成一个体系，共同作用决定国家竞争优势。另外，机遇和政府的作用对以上四个因素的影响也是至关重要的。一个国家的特定产业要取得国际竞争优势，关键在于以上四个关键要素以及机遇和政府两个辅助要素的整合效果。国家竞争优势的关键要素会组成一个完整的体系，是形成产业集聚现象的主要原因；而产业集聚区可以弥补并提供竞争力优势，反映经济发展。

在国家经济中，钻石体系会形成产业集聚，也就是一国之内的优势产业以集聚区的方式，借助各式各样的环节而联系在一起，而不是平均分散在经济体中。产业集聚的发展可以有效地提升区域竞争力。

第三节　跨国公司对产业集聚的影响

下面将从跨国公司促进产业集聚①、产业集聚促进区域竞争力②两个主要方面回顾近些年国内外的研究进展，为之后对跨国公司促进产业集聚提升区域竞争力作用机制的具体阐述提供依据。

通过对国内外重要数据库进行检索，本书整理出目前关于跨国公司、产业集聚与区域竞争力研究的成果如下，见表2-3与表2-4。

表2-3　　　　　　国外数据库检索一览（1）

检索词　数据库	（Title）Multi-national/Transnational Corporations/Enterprises or MNE + (Ti-tle) Cluster/Agglomeration + (Title) Competitive-ness	（Title）Multi-national/Transnational Corporations/Enterprises or MNE + (All Text) Cluster/Agglomeration + (Title) Competitive-ness	（Title）Multi-national/Transnational Corporations/Enterprises or MNE + (Ti-tle) Cluster/Agglomeration + (All Text) Competitive-ness	（Title）Multi-national/Transnational Corporations/Enterprises or MNE + (All Text) Cluster/Agglomeration + (All Text) Competitive-ness	（All Text）Multinational/Transnational Corporations/Enterprises or MNE + (Ti-tle) Cluster/Agglomeration + (All Text) Competitive-ness	（All Text）Multinational/Transnational Corporations/Enterprises or MNE + (All Text) Clus-ter/Agglomer-ation + (Ti-tle) Competi-tiveness
EBSCO	0	0	0	51	78	59
Elsevier	0	0	0	9	26	12
EBSCO	*0*	*0*	*0*	*8*	*76*	*37*

---

① 从跨国公司投资、跨国公司技术两方面具体阐述了对产业集聚形成与发展的影响。

② 从产业集聚所带来的关联效应、规模效应、创新效应三个主要方面阐述了对区域竞争力的影响。

续表

检索词 数据库	(Title) Multinational/ Transnational Corporations/ Enterprises or MNE + (Title) Cluster/ Agglomeration + (Title) Competitiveness	(Title) Multinational/ Transnational Corporations/ Enterprises or MNE + (All Text) Cluster/ Agglomeration + (Title) Competitiveness	(Title) Multinational/ Transnational Corporations/ Enterprises or MNE + (Title) Cluster/ Agglomeration + (All Text) Competitiveness	(Title) Multinational/ Transnational Corporations/ Enterprises or MNE + (All Text) Cluster/ Agglomeration + (All Text) Competitiveness	(All Text) Multinational/ Transnational Corporations/ Enterprises or MNE + (Title) Cluster/ Agglomeration + (All Text) Competitiveness	(All Text) Multinational/ Transnational Corporations/ Enterprises or MNE + (All Text) Cluster/Agglomeration + (Title) Competitiveness
Elsevier	*0*	*0*	*0*	*12*	*11*	*9*

注：正体部分为 2008 年 1 月之前各重要数据库查询结果，斜体加黑部分为 2008 年 1 月至 2013 年 1 月近 5 年各重要数据库查询结果。Multinational/Transnational Corporations/ Enterprises or MNE 均用来表示跨国公司，Cluster/Agglomeration 表示产业集聚，Competitiveness 表示竞争力。

资料来源：根据各数据库查询结果整理。

表 2 - 4 　　　　　　　国内数据库检索一览（1）

检索词 时间	(题名)跨国公司 + (题名/全文)产业集聚 + (题名)区域竞争力	(题名)跨国公司 + (题名)产业集聚 + (全文)区域竞争力	(题名)跨国公司 + (全文)产业集聚 + (全文)区域竞争力	(全文)跨国公司 + (题名)产业集聚 + (全文)区域竞争力	(全文)跨国公司 + (全文)产业集聚 + (题名)区域竞争力
1998.1— 2007.12	0	1	16	67	20
2008.1— 2013.01	0	1	17	106	16

资料来源：根据中国知网数据库查询结果整理。

根据文献检索结果不难发现，在相关研究中虽提及跨国公司影响产业集聚、产业集聚影响区域竞争力，但尚未有学者将跨国公司、产业集聚与区域竞争力置于一个统一框架中进行系统研究。由此说明，跨国公司影响产业集聚进而提升区域竞争力的研究目前处于探索阶段。从检索结果还可以看出，在对产业集聚的研究中，涉及跨国公司与区域竞争力的文献在不断增多。

通过在国内外重要数据库进行检索，整理出目前对于跨国公司与产业集聚的研究成果见表2－5和表2－6。

表2－5　　　　　　　　国外数据库检索一览（2）

检索词　　　数据库	（Title） Cluster/Agglomeration + （Title） Multinational/Transnational Corporations/ Enterprises or MNE	（Title） Cluster/Agglomeration + （All Text） Multinational/Transnational Corporations/Enterprises or MNE	（All Text） Cluster/Agglomeration + （Title） Multinational/Transnational Corporations/Enterprises or MNE
EBSCO	5	57	14
Elsevier	2	3	15
EBSCO	*3*	*97*	*34*
Elsevier	*0*	*19*	*17*

注：正体部分为2008年1月之前各重要数据库查询结果，斜体加黑部分为2008年1月至2013年1月近5年各重要数据库查询结果。表中检索结果不包含同时涉及跨国公司、产业集聚与区域竞争力的文献。Multinational/Transnational Corporations/Enterprises or MNE均用来表示跨国公司，Cluster/Agglomeration表示产业集聚。

资料来源：根据各数据库查询结果整理。

根据文献检索结果（见表2－5、表2－6），以主题（Title）为Cluster/Agglomeration及Multinational/Transnational Corporations/Enterprises or MNE进行检索的文献数量可以看出，直接针对跨国公司与产业集聚的研究有限，继续扩展查询条件，以主题（Title）为Multinational/Transnational Corporations/Enterprises 或 MNE 并以全文（All

Text）为 Cluster/Agglomeration 进行查询，所得文献数量也是相对有限；以主题（Title）为 Cluster/Agglomeration 并以全文（All Text）为 Multinational/Transnational Corporations/Enterprises 或 MNE 进行查询，文献数量在一定程度上有所增加。

表 2 – 6   国内数据库检索一览（2）

检索词\时间	（题名）跨国公司 +（题名）产业集聚	（题名）跨国公司 +（全文）产业集聚	（全文）跨国公司 +（题名）产业集聚
1998. 1—2007. 12	11	227	196
2008. 1—2013. 1	8	169	274

注：表中检索结果不包含同时涉及跨国公司、产业集聚与区域竞争力的文献。

资料来源：根据中国知网数据库查询结果整理。

从文献数量上来看，相关研究在近 5 年明显增多，同时以跨国公司与产业集聚为专题的研究相对有限，但在单方面对跨国公司（或产业集聚）的研究中，涉及产业集聚（或跨国公司）的文献相对较多。阅读上述文献后发现，这些文献在研究内容上基本包括了跨国公司对产业集聚的影响，跨国公司在产业集聚中的现状描述，产业集聚政策分析，跨国公司进入产业集聚的动机、战略及相关的案例分析等，由此说明跨国公司与产业集聚相关的研究目前处于探索阶段，显然缺乏更为深入、系统的研究。

关于跨国公司对产业集聚影响的研究，大体上基于跨国公司投资对产业集聚的影响、跨国公司技术对产业集聚的影响两个层面展开。现有的文献主要研究了跨国公司投资对产业集聚的影响，内容涉及面广，研究结论较为零散，仅有部分学者针对跨国公司技术对产业集聚的影响进行了探讨。但基本上奠定的基调是跨国公司对产业集聚的形成与发展具有推动作用。

在跨国公司对产业集聚影响的研究中，Young、Hood 和 Peters

（1994）认为，全球化的飞速发展逐渐弱化了区域性与本土性的经济特征，而跨国公司在各地区经济与全球化的融合中发挥了举足轻重的作用，对地方集聚发展的影响不可忽视。Lu 和 Tao（2009）、Mariotti 等（2008）、Birkinshaw（1998）、Liu（2008）、Rugman 和 D'Cruz（2000）的研究指出，外资企业尤其是跨国公司可以成为产业集聚的领导者，它们为集聚区提供了全球性的技术和观念，加强本地企业的国际化程度，并提高了集聚区在世界范围内的知名度，促进了区域产业集聚的发展。Amiti 和 Javorcik（2008）与 Hood 和 Peters（2000）认为，跨国公司在东道国子公司的自主性越强，出口水平越高，与当地联系越紧密，对产业集聚发展的促进作用越明显。Feldman（2005）强调了跨国公司作为 FDI 的最重要载体，对产业集聚的形成与发展具有显著的推动作用。随着经济全球化趋势的不断增强，跨国公司的发展势头迅猛，无论在自身的规模上，还是在数量上均呈现上升趋势，在很大程度上影响了产业集聚的形成与当地的经济，并成为当地产业集聚的领导者。

Gupta（2008）、He 等（2008，2010）、Pitelis（2010）与 Cantwell（2000）等多位学者将跨国公司喻为产业集聚产生的催化剂，跨国公司参与的产业集聚表现出更强的集聚性质。它进入某一地区暗示着该地区具备良好的、值得信赖的商业环境，可以吸引其他跨国公司尤其是来自同一国家的跨国公司的后续入驻。Mike Danson（2009）的研究指出，跨国公司成为产业集聚的加速器，在产业集聚的形成过程中发挥了重要的作用；产业集聚能够有效地提升产业竞争力，它将地方产业提升至全球竞争层面。Ram Mudambi 和 Tim Swift（2012）从集聚的视角提出，跨国公司作为旗舰企业刺激了当地商业环境并且加强了集聚经济。跨国公司可以成为当地技术集聚区中的协调者，从而吸引更多的外部资源进入集聚区，因此会对产业集聚区做出更多的贡献。

在对发展中国家产业集聚的研究中，外商直接投资、跨国公司及全球联系一直备受关注。随着全球经济一体化程度的加深，发展中国家的产业集聚受跨国公司直接投资的影响日益深刻。Sun（2012）研究指出，跨国公司的本土化战略可以加速中国产业结构的升级，孕育产业集聚，加速中国"世界工厂"的进程。他进一步指出中国的珠三角地区与长三角地区，随着跨国公司投资规模的增加，区域的产业集聚水平逐渐增强，产业结构逐步优化。我国的学者也针对这一主题进行了研究，冼国明、文东伟（2006）的研究指出，外商资本在中国的区域集聚推动了中国制造业的区域集聚。赵伟、张萃（2007）基于产业集聚与经济增长的逻辑关系，根据1999—2003 年 20 个制造业行业的空间集聚数据，从三个层面对跨国公司投资进行了实证检验，证实了跨国公司投资对我国制造业集聚的促进作用。陈景辉（2009）在对跨国公司与中国产业集聚进行分析的基础上指出，面对世界经济一体化与中国改革开放的深化，跨国公司已经成为我国产业集聚形成与发展的主要推动者和增长极。于铭、韩雪峰（2009）指出 FDI 对我国产业集聚水平具有较强的正向促进作用。毕红毅、孙天乐（2012）利用山东省 1998—2010年的数据，通过回归分析发现，外商直接投资加快了山东制造业产业集聚的形成。

Vargas（2010）认为，在跨国公司对区域产业集聚影响过程中，区域对跨国公司的技术依赖性增强，跨国公司的技术溢出在东道国区域技术革新中发挥极其重要的作用，在发展中国家尤为突出。熊永芳、吴莉云（2010）的研究指出，FDI 能够为高技术产业集聚区的产生创造条件，并导致外资驱动型高技术产业集聚区的形成与发展。Dimitrators（2009）指出，跨国公司技术在发展中国家产业集聚的形成中扮演了极为重要的角色。总而言之，正如陶凌云（2010）所言，跨国公司对当前形势下产业集聚的形成与发展具有重要的影响作用。

一　跨国公司投资对产业集聚的影响

在开放经济背景下，张廷海（2009）通过进行跨国公司投资的古诺博弈分析，指出由跨国公司形成的产业集聚能吸引更多的跨国公司前来投资，由此产业集聚水平被不断增强，形成良性循环。跨国公司的投资提高了经济效率，带来了技术的进步，加快了东道国生产与世界水平的接轨。

我国学者陈景辉、于成学（2010），孙亚南（2012），任胜钢（2004，2005），韩文海（2012）将跨国公司投资对产业集聚的影响归纳为跨国公司投资促进了产业集聚的形成与跨国公司投资加速了产业集聚区的发展两个方面。

（一）跨国公司投资影响产业集聚形成

国外研究中，Mariotti 等（2008）、Ge（2009）、Birkinshaw 和 Hood（2000）、Hood 和 Young（1999）、Enright（1999）、Rugman（2003）等多位学者指出，跨国公司投资对东道国产业集聚的形成具有独特的、有益的促进作用，并且是促进经济发展的催化剂。跨国公司在我国的投资主要以寻求市场、获得低成本劳动要素为目的，从而获得较高的资本报酬率，但跨国公司自身的企业行为，在一定条件下促进了产业集聚的形成。可以说，产业集聚并非跨国公司投资的行为目的，但却是行为结果。陈健（2008）以江苏省装备制造业跨国公司为研究对象，发现跨国公司投资引起的集聚效应明显，并表现为明显的行业差异与路径依赖。陈景辉、于成学（2010）以英特尔为例，说明实施基于跨国公司的产业集聚战略有助于形成区域产业的聚集，是集聚产业实现跨越发展的有效路径。

显然，一些国内外学者已经注意到跨国公司投资对产业集聚的促进作用，并在部分文献中有所研究。跨国公司投资对产业集聚形成的促进作用归纳起来主要集中在三个方面：一是跨国公司网络关系移植，二是竞争对手"跟随战略"，三是产业（企业）关联。

1. 跨国公司网络关系移植

跨国公司在异地投资，希望将原先熟悉的、全球统一的标准商业模式复制过去，其中就包括了跨国公司的客户链，即与跨国公司生产与销售有合作关系的一系列企业，如中间产品生产商、物流服务商、咨询公司、金融保险机构等。Debaere（2010）的研究指出，跨国公司在一个区域的出现往往会引起上下游跨国公司入驻该区域，而且这些均是跨国公司的长期合作伙伴，时刻跟随跨国公司并为其提供即时的生产与服务。

陈景辉（2010）认为，产业集聚的形成过程，实质也是一个网络外部化的过程。随着每一个新的最终产品企业的进驻，将进一步加强该区域对潜在新进入者的吸引力，包括生产互补产品的企业。最先进驻某地区的跨国公司将扮演网络发起人或盟主的角色，它们的表现和势力将带动后续企业入驻该区域，进行系统化的投资，如北京开发区诺基亚星网工业园的形成即是如此。

任胜钢（2005）通过对我国苏州新区与苏州工业园区的跨国公司的问卷调查指出，跨国公司集聚促进了集聚区内网络的形成。跨国公司为维持原有的生产联系，在对区域进行投资的同时带来了与之相配套的相关企业的进入。据统计，有超过50%的跨国公司带来了自己的供应商，特别是具有稳定供应网络的大型跨国公司及日韩和东南亚地区的跨国公司。它们的进入使大批供应商也跟随而至，如瑞士的罗技科技、美国的友达光电等，而这些供应商本身也是跨国公司，它们的进入主要是因为核心跨国公司的进入。

矫萍、姜明辉、叶婉婧（2012）认为，外资企业以 FDI 的方式进行跨国经营，关键产品的不可替代性与上下游合作企业之间的伙伴关系会形成滚雪球般的"联动效应"。在短时间内，跨国公司在某领域的投资会带动数个，进而数十个与之相关的配套企业的跟进。李安方（2008）、刘志彪（2009）与孟令岩（2012）发现，当特定外资企业进入后，其原来配套厂商会积极跟进。其中，李安方（2008）还进一步指出跨国公司之所以会将自身网络移植过来，是因为跨国公司在国外产业集聚中已经形成了一定的规模，由于某些原因，如不断上升的劳动力成本等，才使跨国公司出现"复制群居链"现象。刘志彪（2009）的研究则指出，跨国公司服务企业进入东道国首先选择本国企业集聚的区域或与自己有长期业务关系的供应商企业，形成生产者服务业与跨国公司投资相互交错的集聚局面。

2. 竞争对手"跟随战略"

从某种意义上来讲，FDI 体现了跨国公司的全球化策略，正如张晔（2008）与孟令岩（2012）的研究中所述，跨国公司的投资带来了一系列国际化的业务，这些国际化的业务又串起来了一批批的关联企业形成产业集聚。"追随客户"是这些企业开展国际业务的策略之一。

Paul Krugman（1991）指出，如果一个地区的生产要素适合某大型企业（跨国公司）投资办厂进行生产，该企业将被"锁定"在该地区，并有可能引发同类企业的蜂拥而至，形成一定规模的产业集聚。Cheng 和 Kwan（2000）通过对中国 29 个省市 FDI 研究发现，FDI 本身具有较强的自我强化效应。也就是说，一个地区早期的 FDI 会促进后期 FDI 的进入。Stephan（2008）的研究发现，当某些跨国公司在集聚区进行投资后，其他跨国公司也会跟随进入。

陈景辉（2009）认为，随着产业集聚的加深，跨国公司上下游企业出于联动效应前来投资，而竞争对手为获得市场先机同样前来投资。跨国公司为当地企业带来了资金、技术，促进了各相关企业之间的交流，加速了本地企业网络的形成，并通过产业集聚的专业化生产、知识外溢等放大竞争优势，扩大了产业集聚的规模。

3. 产业（企业）关联

Markusen 和 Venable（1999）从战略投资的角度出发，指出跨国公司在东道国某区域考虑投资时，不仅考虑到地理位置、人力资本、基础设施等，更重要的是考虑到与之相关的前向和后向关联产业，能够形成一条较为完整的产业链。任何一个企业都不是在孤立地生产，只有与之相关的产业，共同提高技术与生产率，才会在当地形成产业集聚。之后，Stephan（2008）与 He 等（2010）的研究发现，跨国公司往往比较愿意选择与自身产品有产业关联的地区入驻，跨国公司及其竞争对手通常会建立并加强与本地企业的关联，进而促进产业集聚的形成与发展。Zhang 和 Li（2010）在研究中指出，创新能力较强的企业更偏好与各中间企业建立并保持良好的关系，因为这样可以拓宽与外部交流的渠道，抓住更多的发展机遇，并降低搜寻成本。Gupta（2008）进一步指出，为了自身发展的需要，跨国公司除积极地与相关企业合作外，甚至还会与集聚区内的竞争对手建立联系。

外商直接投资在国内一些产业集聚的形成过程中起着非常关键的作用。在资本迁移模式下的产业集聚中，外资企业的"群居生存"刺激了产业集聚的出现。可以说，当前，外商直接投资推动了国内资本迁移模式下的产业集聚的形成。产业集聚区内各相关企业之间存在相对稳定的供货与采购关系，这既是一种协作关系，也是一种交易行为。邱国栋（2010）与陈景辉（2009）认为，跨国公司具有先进的技术，较为完整的产业链条，高水平的全球专业化分工与资源配置，因此，产业关联度要远大于一般本土企业。跨国公司通常具备稳定的分工与生产销售体系，巨大的关联产业链客观上更要求配套企业之间的通力合作，实现产业的集聚化发展。陶凌云（2010）认为，跨国公司主导的产业集聚，跨国公司直接参与当地生产，加速了产业区的形成，跨国公司提供的是"胶"，将地方中小企业紧密地连在一起，同时吸引新企业的加入。盖骁敏（2012）与李娟、王菲（2011）指出，跨国公司的投资需要相关产业的支持（比如上游供应商等），当特定外资企业进入后，其原来配套厂商会积极跟进，部分相关国内企业也进入特定 FDI 企业的上下游提供配套服务，所以 FDI 的存在会吸引更多的资本投向该地区。

（二）跨国公司投资促进产业集聚发展

Padilla - Perez（2008）与 Franco（2008）对跨国公司投资可以通过技术转移促进产业集聚发展的观点表示赞同。跨国公司投资的技术外溢会吸引众多企业集聚其间，通过人才、信息的交流与知识共享，促进企业间的学习、模仿、创新，进而促进相关整体产业的发展，进一步推动产业集聚的发展。

杨洪焦、孙林岩、吴安波（2008）认为，产业集聚区内存储着大量的知识，企业正是为了获取知识与技术才选择在集聚区内投资办厂。彭向、蒋传海（2009）认为，大型寡头企业的选址对产业集聚的形成、地方经济发展影响巨大。企业集聚是完美的纳什均衡，而技术溢出是导致企业集聚的重要原因。陶凌云（2010）指出，地方产业集聚要摆脱对当地要素的依赖，走创新型生产的道路，需要引入跨国公司及其研发机构，开辟多渠道获取先进技术、管理经验与营销策略，实现产业集聚的快速发展。孟令岩（2012）的研究指出，产业集聚通过资本外部性和技术外部性进一步推动了集聚地区外资规模的扩张并提升产业的空间集聚水平。

二　跨国公司技术对产业集聚的影响

Audretsch（1974）发现，企业更倾向于落户"信息富裕"地区，企业集聚在某一区域后，默会知识能通过员工之间的非正式交流渠道传播扩散。Mudambi（2012）与 David B. Audretsch（1996，1998）的研究认为，各企业为追求新知识或新技术，降低单个企业的生产函数而选择集中在一起，进而导致产业集聚的出现，这种模式在高技术产业中尤为常见。随着新地理经济学与内生增长理论的不断发展，Mudambi（2012）与 Feldman（1994）等多位学者开始对技术能够推动高科技企业集群形成的观点表示认可。

张宗庆和张寅（2012）、Almeida（1999）与 Bottazzi（2003）的研究进一步指出，跨国公司技术促进产业集聚形成的更深层原因在于技术本身所具有的黏性特征。企业中技术可分为可编码技术与非编码技术两类。随着交通及通信的发展，可编码技术的传递与扩散可不受空间限制，转移成本低；而非编码技术随空间距离的加大而迅速减弱，需要通过近距离交流才能有效获取。各企业内的核心技术大多属于非编码技术，为了保证技术创新收益与时效性，创新主体需要在距离上与创新技术源邻近，才能以频繁的互动交流形式来获得所需的技术。

Christian H. M. Ketels（2008）、Todo（2009）、Chen（2008）与 Rugman（2003）发现产业集聚中存在着知识溢出，跨国公司拥

有的技术往往高于本地企业，且跨国公司研发中心与本地创新体系之间的联系正在逐渐加强，这一进程将会为产业集聚区的技术溢出创造更多的机会。

Mariotti（2010）的研究指出，跨国公司入驻产业集聚的主要原因在于跨国公司希望与其他跨国公司集聚在一起，以实现技术或知识流入与流出的有效平衡。根据 Liu（2008）、Ciravegna（2011）、Cantwell 和 Mudambi（2011）与 Lee（2012）等多位学者在发展中国家的调查发现，作为旗舰企业的跨国公司可以在一定的地理范围内将技术、知识传递到本地企业中，跨国公司技术溢出促使本地企业聚集在跨国公司周围，本地企业致力于从跨国公司获取技术并进行技术升级入驻产业集聚区，由此可知，知识流动加强了集聚区内企业间的关联，促进了产业集聚的进一步形成与发展。

Mudambi（2012）指出，领先的跨国公司在集聚区内会流出高水平的经验知识，集聚区中的参与者也努力捕捉跨国公司的技术溢出。如果领先的跨国公司在集聚区内寻找某类知识，并且相信交易合作者能够提供有价值的知识与跨国公司交换，这时跨国公司知识流出可能最高。

陈守明（2010）、陶珠（2010）与陶凌云（2010）认为，跨国公司在当地的投资同样是跨国公司全球组织的重要部分，并与跨国公司总部、研发机构等相关部门保持联系，跨国公司内部的资金、技术、人才等方面的流动又将产业集聚区、外部环境与全球经济相关联。地方产业集聚区企业可以获取跨国公司先进的知识与技术，并通过对跨国公司技术的模仿、改进，最终实现自我创新，以此促进产业集聚水平的整体提升。

张会清、王剑（2011）与邱国栋、黄海鹰（2009）的研究指出，跨国公司拥有丰富的资源能够确保研发活动的资金与人员供给，能够有力确保科技创新的领先地位。产业集聚区内，大型跨国公司的研发创新通过企业间非正式交流渠道和人员流动产生知识外溢，集聚区内的企业集聚在跨国公司周围可以享受知识溢出的收益并利用低成本获取业界的先进技术，因此表现出更强的集聚性。

矫萍、姜明辉、叶婉婧（2012）指出在长三角产业集聚区内，知识很容易通过企业间的合作产生外溢，加快了新观念、新技术、新思想与新知识的传导，增强了企业的研发能力。集聚区内的产业技术发展方向由领先企业主导，一旦有新突破，其他合作企业将迅速跟进，参与到网络化的创新模式之中。

第四节　产业集聚对区域竞争力的影响

本书通过在国内外重要数据库进行检索，整理出目前关于产业集聚与区域竞争力研究的成果，见表 2 – 7 和表 2 – 8。

表 2 – 7　　　　　　　国外数据库检索一览（3）

检索词 数据库	（Title）Cluster/Agglomeration +（Title）Competitiveness	（Title）Cluster/Agglomeration +（All Text）Competitiveness	（All Text）Cluster/Agglomeration +（Title）Competitiveness
EBSCO	52	804	545
Elsevier	3	28	72
EBSCO	*82*	*736*	*479*
Elsevier	*2*	*29*	*101*

注：正体部分为 2008 年 1 月之前各重要数据库查询结果，斜体加黑部分为 2008 年 1 月至 2013 年 1 月近 5 年各重要数据库查询结果。表中检索结果不包含同时涉及跨国公司、产业集聚与区域竞争力的文献。Cluster/Agglomeration 表示产业集聚，Competitiveness 表示竞争力。

资料来源：根据各数据库查询结果整理。

根据文献检索结果，以主题（Title）为 Cluster/Agglomeration 及 Competitiveness 进行检索的文献数量可以看出，直接针对产业集聚与区域竞争力的研究有限，继续扩展查询条件，以主题（Title）为

Competitiveness 并以全文（All Text）为 Cluster/Agglomeration 或以主题（Title）为 Cluster/Agglomeration 并以全文（All Text）为 Competitiveness 进行查询，文献数量明显增加。

表 2 – 8 国内数据库检索一览（3）

检索词 时间	（题名）产业集聚 + （题名）区域竞争力	（题名）产业集聚 + （全文）区域竞争力	（全文）产业集聚 + （题名）区域竞争力
1998. 1— 2007. 12	2	91	69
2008. 1— 2013. 1	4	203	55

注：表中检索结果不包含同时涉及跨国公司、产业集聚与区域竞争力的文献。

资料来源：根据中国知网数据库查询结果整理。

从文献数量上不难看出，产业集聚与区域竞争力相结合的探讨一直为学术界所关注。随着研究的不断推进，已初具规模。单方面对产业集聚（或区域竞争力）的研究中，涉及区域竞争力（或产业集聚）的文献在不断增多。

产业集聚是竞争力框架的一部分，Porter（1998）指出，一个国家或地区在国际上具有的竞争优势来源于彼此相关的产业集聚。产业集聚是国家或地区获得竞争优势的源泉，通过自身竞争优势的发挥与对区内资源的整合提升区域竞争力。国家或区域的竞争优势主要来源于区域内的产业竞争力，产业集聚所带来的外部经济、创新要素的集聚与竞争动力的放大效果可以加强产业竞争优势。之后，基于区域层面的产业集聚研究逐渐增多，同时也反映出产业集聚的形成与发展逐渐成为增强区域竞争力的重要途径。

从国际和国内上的经验来看，产业集聚对国家和区域竞争力的积极影响已经得到了广泛认同。产业集聚之所以能引起人们的高度关注，关键就在于它具有较强的持续竞争力。一般来讲，当产业集聚形成时，一个国家或地区无论是最终产品生产设备的上游供应，还是售后服务等多个方面都会有国际竞争的实力。产业集聚是促进区域经济增长的关键驱动力之一，根据 Nakamura（2012）的思想，相比由非正式小企业形成的产业集聚区，跨国公司主导型的产业集聚对区域经济效益的提高更为重要。Aziz（2008）、Niu（2008）、He 和 Fallah（2011）与 Dauth（2012）发现，许多国家积极鼓励发展区域内产业集聚区，集聚区内的企业可以通过共享资源、创新能力以及知识来发展自身能力，提升企业在国际上的竞争力。

我国产业集聚对国家和地区的竞争力的影响也能够说明，产业集聚是中国各地区崛起的一条希望之路。张春野和赵强（2011）、顾强（2007）、邵继勇（2007）认为，产业集聚为各企业竞争力的提高创造了条件，并且可以通过集聚效应推动区域经济的持续发展，进而提高区域竞争力。徐顺志（2009）与石斌（2010）的研究得出产业集聚对区域竞争力具有显著的影响作用。

国内外学者也已经注意到产业集聚对区域竞争力的促进作用，并在部分文献中有所研究。归纳起来产业集聚能够通过关联效应、规模效应、创新效应来影响区域竞争力的多个方面。

一　关联效应

产业集聚区域内的公共资源毕竟不能满足企业的所有需求，这就需要企业之间建立关联合作来实现区域内非公共资源的创造与共享。Park（2009）指出，产业集聚中的企业之间由于互动更为便利，相互之间合作频率较高，企业之间的正式与非正式信息的交换效果更好。Arikan（2009）验证了产业集聚区中企业之间的联系与知识交换效益之间的关系。关联效应的存在，降低了各企业的生产与信息成本，而这些均会推动区域竞争力的提升。

产业关联是指产业间以投入品与产出品为连接纽带的技术经济联系，关联的强度和大小与产品的特点密切相关。Hirschman（1988）最早提出了企业的前后向关联性，关联效应存在协同性，多个行业关联在一起的效应要远大于单个行业的简单叠加。产业聚集在一定的地理范围内，各组成部分间相互结成有机的网络关系。

企业战略、结构与同业竞争使"网络"关系得以延伸并促进区域竞争力的提升。Niu（2008）、Mihaela - Cornelia（2012）与 Nakamura（2012）指出，产业集聚区中的企业的关系不仅是延伸的供应链，更多地还表现为复杂的网络关系，产业集聚可以促进企业间的合作，提高区域内产业的劳动生产率，增强区域竞争力。

根据唐昭霞（2011）与陈继祥（2005）等学者的思想，产业集聚竞争力是以集聚内所拥有的各种资产要素为基础的，以企业间的动态网络以及层次递进关系为运行方式，能够有效地提高集聚区域的整体竞争力。林欣美等（2011）指出，产业集聚优势是一个动态观念，企业需要根据集聚的特质采用合适的合作模式来强化集聚优势。尤其是高科技产业集聚区中，外资企业在生产、研发与国际市场上具有更多的优势，本地与外资企业之间的合作与交流，能够更快捷地提高本地企业的绩效。

二 规模效应

产业集聚通常会形成一定的规模经济，产业集聚规模的扩大必然会增强集聚外部经济性，导致区域竞争力的提升。

规模经济有外部规模经济和内部规模经济两种。外部规模经济是指某一产业大量企业集中在一个地理位置，出现了较大的产业规模，能够提高效率，降低成本。内部规模经济是指企业内部生产规模的扩大引起的生产率提高和成本降低。

Scott（1992）认为，产业集聚的形成与发展是企业考虑内外部交易成本的结果，企业集聚在一起可以降低外部交易费用，同时加快企业内部的垂直分工，降低内部交易费用，产生企业内部规模经济。Martin 和 Ottaviano（2001）的研究指出，地区经济活动的空间集聚能够降低创新成本。Prejmerean（2012）的研究指出，跨国公司为了降低成本，积极加入关系网络，参与到产业集聚中。

李安方（2008）、彭湘君（2011）与盖文启、朱华晟（2001）认为，产业集聚主要是特色产业与地区经济的有机结合，目的是以形成的外部规模经济降低交易成本，外部经济性、激励创新等方式增加企业收益，从而提高集聚区域的竞争力。林绍贵（2010）则指出，产业集聚主要是提高了企业的生产率与资源配置率，产生规模经济，进而提升了地区产业与整个区域的竞争力。石斌（2010）指出，企业的集聚能够加速产业链的扩展与延伸，吸引更多企业扩大产业规模，提高了资源的利用率，促进区域经济的发展，成为区域竞争力提升的新途径。张春野、赵强（2011）的研究则指出，产业集聚区内的企业是通过资源共享和节约成本，进一步提升竞争力。

三　创新效应

创新环境的形成是产业集聚的重中之重。企业集聚在一定的区域形成共享的文化与学习环境，组成一个学习与知识传播的网络，积累大量的社会资本，能够有力地提高区域的系统创新能力，加快技术的进步。

产业集聚中的企业同样面临集聚区内激烈的竞争，跨国公司主导型产业集聚呈现最基本型的技术空间扩散形式。集聚中的知识、技术通过信息集聚机制随着信息载体的流动由中心向四周扩散，信息强度也随着企业间距离的增加而减弱。跨国公司的创新体系完善，创新效果好，周期短。集群中的相关企业学习能力强，企业之间的关联性、互补性激发了企业的创新灵感，降低了创新成本，形成了对竞争对手的"挤压效应"，在一定程度上促使跨国公司需要不断加强创新以保持市场领先性。由此促进了产业集聚区内部创新机制的进一步完善，推动了区域竞争力的上升。

产业集聚的创新优势得到了大量实证研究的证实。Rugman（2003）认为，硅谷研发人员的高速流动性是技术扩散的主要原因，提高了区域的创新能力。经济合作与发展组织的研究结论也证实了产业集聚可以明显地提高创新绩效。集聚区内企业经常与竞争对手展开技术合作，突破难题。地缘上的接近缩短了创新反馈的周期，使企业相互受益。Cowan 和 Jonard（2009）认为，企业不必花费过多精力与成本去与网络中的所有企业联系，仅需要与一定数量的企业建立知识社群来保持网络的创新与发展即可。Greenstone、Hornbeck、Enrico Moretti（2010）的研究发现，知识与技能在产业集聚区内人员之间频繁地流动，可以促进知识与技术的扩散，使原属于某些企业的个体知识转变为集聚区内的公共知识。吴利学、魏后凯（2004）则认为，这种共生模式为创新活动提供了新的动力源与传播途径，极大地推动区域内创新活动的进展。Falck（2010）指出，产业集聚可以增加企业、公共研究机构与金融机构之间的联系，以促进区域研发能力并进一步增强区域竞争力。Megha Mukim（2012）与 Beule 等（2012）认为，创新是区域竞争力的关键要素，而产业集聚对创新的产生具有显著的促进作用，它是促进技术创新的重要渠道，Park（2012）认为，产业集聚可以实现企业间技术转移，已经逐渐成为提升竞争力的主要途径。

王缉慈（2001）较为系统地研究了产业集聚与创新体系，他认为企业创新能力的提升、地区特色产业集聚的形成可以强化区域竞争优势。任胜钢（2005）认为，跨国公司及其供应商形成的网络，为集聚区内企业提供了较多交流的机会，有效地促进了集聚区内知识的积累、传播与创新，使产业集聚能够与时俱进，增强了区域的竞争力。石斌（2010）研究指出，由于集聚间成员通过协调性的学习过程形成知识共享效应，促进了产业集聚内部创新机制的形成，进而推动区域竞争力的提升。张宗庆、张寅（2012）选取 2004—2009 年江浙沪 25 个地级以上城市的统计数据，对我国长三角地区产业集聚进行了实证研究，研究发现由于交流与交通成本的降低、互补知识的交流，集聚均能够通过知识的溢出加强区域增长绩效。矫萍、姜明辉、叶婉婧（2012）指出，产业集聚区内的企业通过技术溢出和鼓励创新等机制提高了竞争力。

第五节　相关计量方法综述

一　产业集聚测度

国外有关产业集聚的相关研究中，部分学者集中于定性研究，以案例分析为主，如 Jose – luis Herva's – Oliver（2008）、Christos N. Pitelis（2009）与 Luciano Ciravegna（2011）等的研究，均选择了世界产业集聚成功案例进行探讨，分析产业集聚形成过程及对区域的影响力。

部分学者采用定量研究，研究方法以区位熵为主。区位熵的概念自 Haig（1926）的经济基础模型出现以来，在研究中的应用至今没有减退，并且得到了学术界越来越多的认可（Tonts and Taylor，2010）。区位熵方法简单、有效并且具备更强的适用性。Porter（2000）使用区位熵的方法来确定产业集聚水平，近些年的学术研究中，区位熵被 Carroll 等（2008）、Boix 和 Galletto（2009）、Feser 和 Isserman（2009）、Chiang（2009）等多位学者用于产业集聚的测量。Jakub Soviar（2009）指出，区位熵是最受欢迎的测量产业集聚的方法，他通过在斯洛伐克日利纳自治州的实地调查，运用区位熵的方法指出该地区的产业集聚水平最高，尤其是旅游产业、木质家具业、机械工程自动化产业方面的集聚更为明显。Hilal Erkus – Ozturk（2009）通过在安塔利亚的实地调查，采用区位熵的方法证实了旅游公司数量和种类的不断增多进一步推动了当地产业集聚的形成与发展。Andrew Crawley（2012）通过在英国威尔士地区的数据收集，在研究中运用区位熵对当地的产业集聚水平进行了测算。不仅如此，Crawley 和 Pickernell（2012）发现区位熵也同样被应用于欧洲集群观察组织（European Cluster Observatory，ECO）的各个项目中。

此外，国外也有学者采用 EG 指数、基尼系数或空间基尼系数对产业集聚情况进行分析，如 Dauth（2012）根据德国 1989—2006 年的相关数据，利用 EG 指数的方法对 326 个地区 191 个产业的集聚程度进行了测量，指出产业集聚能够持续、稳定地提高劳动就业率。Adriana Reveiu（2012）在研究中则同时使用了基尼系数与区位熵两种方法来计算罗马尼亚的产业集聚水平。其中，他们以基尼系数计算整个罗马尼亚产业的空间集聚程度，得出了集聚程度最强的 30 个产业。并以区位熵来进一步测量区域（国家）层面的企业集聚程度，从而得出结论产业集聚对企业家才能有着积极的正向影响。Titze（2011）利用空间基尼系数对德国境内 439 个地区的产业集聚情况进行了测量，指出仅有 27 个地区具有明显的产业垂直化特征。

近些年，国内有关跨国公司与产业集聚的相关研究中，对产业集聚测量的方法有行业集中度、赫芬达尔指数、空间基尼系数、区位熵、EG 指数、SP 指数等，学者多采用行业集中度、赫芬达尔指数以及区位熵方法。

行业集中度的方法简单、直接，经常作为辅助性分析出现，如郑江淮等（2008）通过在我国沿江开发区苏州、江阴、南京、常州、泰州、镇江、南通和扬州 8 个城市的 241 个企业的问卷调查，以行业集中度的方法对沿江开发区产业集聚情况进行了分析，并进一步指出开发区目前处于企业集中的阶段，由产业集聚而产生的外部经济不明显。陈景辉、王玉荣（2009）以我国 52 家开发区 2005—2006 年的数据，采用行业集中度的方法计算了开发区的产业集聚程度，指出跨国公司对产业集聚的推动作用，但对内资企业集聚影响有限。

赫芬达尔指数、空间基尼系数与 EG 指数多集中用于制造业行业集聚水平的衡量与比较，空间基尼系数还常用于东中西部区域集聚水平差距比较。李晗斌（2010）认为，赫芬达尔指数反映了企业集中度，并未考虑企业规模。需要的企业层面数据，在我国不易获得。

张宇、蒋殿春（2008）利用赫芬达尔指数（HHI）的方法分析了我国 1999—2005 年 21 个主要制造行业的产业集聚程度，指出跨国公司对我国产业集聚的形成起到了积极的影响，并有力地推动了我国产业集聚的发展与技术的进步，尤其是对高技术行业的积极作用更为明显。盖骁敏（2012）以 2006—2008 年我国制造业 20 个行业的统计数据，采用了行业集中度与赫芬达尔指数的方法对产业集聚水平进行了计算。结果显示，产业集聚程度在我国东部沿海地区较高，跨国公司投资是形成产业集聚的原因，产业集聚是吸引跨国公司的原因，二者存在因果关系。

江曼琦、张志强（2008）根据滨海新区 32 个行业 1998—2005 年 8 年的数据，采用 Krugman（1991）的空间基尼系数方法计算产业相对集中度，面板模型分析结果显示，产业的空间集中程度受到要素禀赋、企业规模、外资驱动等多方面的影响，培育一个区域内具有较大规模的推进型企业，能够壮大区域主导产业集聚效应。邵钰涵（2010）选取了 1998—2008 年最近 10 年广东省 39 个工业行业的数据，采用改进的基尼系数的方法对工业行业的集聚水平进行了测量，且集聚排在前三名的均是采选业，并证明了跨国公司投资对产业集聚的促进作用。郑敏、周继慧（2011）利用长三角地区 1999—2008 年制造业行业数据，采用空间基尼系数的方法，对长三角地区产业集聚进行了分析。研究结果表明，要素禀赋、经济政策等因素对产业集聚形成有着重要的作用，劳动力要素禀赋的作用不再明显。孟令岩（2012）根据 1986—2008 年我国制造业的统计数据，利用空间基尼系数对我国制造业产业集聚水平进行了测评，结果显示，我国产业集聚水平普遍偏低，尤其是中西部地区制造业产业集聚指数明显下降。纪玉俊、王培顺（2012）以我国 2000—2009 年 29 类制造业数据为例，采用空间基尼系数的方法对我国制造业产业集聚水平进行了测算，研究发现，我国制造业的空间集聚现象明显，并且在整体上呈上升趋势。不同区域间同一产业的空间集聚程度也存在很大差异：西部地区更趋向于集中，而东部地区则相对均衡。

　　另外，部分学者采用 EG 指数来测量产业集聚水平，如杨洪焦等（2008）以 1988—2005 年我国除西藏外 29 个省（市、自治区）18 个制造业行业的数据，采用 EG 指数的方法计算了我国 18 个制造行业的聚集度，进一步指出了当前我国制造行业产业集聚程度较高，近 20 年我国制造行业聚集度表现为整体上升的趋势。谢里、曹清峰（2012）以 1999—2008 年中国制造业 20 个分行业数据，采用 EG 指数的方法对其产业集聚水平进行了测量。研究结果表明，FDI 渗透率超过门限值时，FDI 渗透率的提高对中低、中高和高技术行业集聚有显著的促进作用；当行业规模超过门限值时，FDI 渗透率的提高对中低技术和高技术行业集聚有负向作用，但促进了中高技术行业的集聚；当劳动力成本超过门限值时，FDI 渗透率的提高对不同技术水平的行业集聚在一定程度上都有促进作用。

　　区位熵方法不但适用于制造业行业分析，也适用于各省（市）产业集聚水平的衡量，多用于研究跨国公司投资对产业集聚的影响，为国内广大学者广泛应用。

　　沈瑞、丁小义（2009）以 1996—2007 年浙江省制造业 27 个行业的数据，采用区位熵的方法计算了浙江制造业产业集聚水平，发现上升最快的是化学纤维制造业，之后是家具制造业、纺织业，但食品制造业、农副产品加工业、非金属矿物制品业等行业产业集聚度有所下降。陶凌云、赵增耀（2009）选取 2002—2007 年上海市和江苏省两位数分类的 27 个制造业行业面板数据，采用区位熵的方法计算了上海、江苏两地制造业行业产业集聚水平，并对跨国公司投资对两地产业集聚水平的影响进行了比较。指出上海的家具制造业，通用设备制造业，通信设备、计算机及其他电子设备制造业的集聚程度，江苏的机械制造业、计算机及其他电子设备制造业与通信设备的集聚程度得到了快速的提升。徐晓丹（2011）以 2003—2009 年东北三省的制造业的数据，采用区位熵的方法对东北三省制造业产业集聚情况进行了分析，指出东北三省制造业产业集聚的程度在不断增强，在由劳动密集型向资本密集型再向技术密集型调整。毕红毅、孙天乐（2012）以1998—2010年山东制造业的数据，采用区位熵的方法计算了山东制造业产业集聚度，并指出跨国公司投资与山东制造业产业集聚之间的相互促进关系。

还有学者的研究综合了以上多种方法来验证产业集聚结论的一致性或相似性，但均以区位熵的方法对FDI对产业集聚的影响做更深一步的研究。如李晗斌（2011）与盖骁敏、姚晓璠（2011）。

二　区域竞争力测度

区域竞争力的度量方法主要可以归结为两类：一是采用定性的方法，对区域竞争力的决定性因素进行分析与探讨；二是定量分析，即建立区域竞争力结构模型，选择相对应的指标体系与参照系，综合评价研究区域在所参照区域的相对位次，并对区域竞争力的优劣势做出判断。

区域竞争力的定性分析多建立在波特国家竞争优势等模型的基础上，定量分析或者选择一项或两项竞争力指标进行探讨，或者使用竞争力理论模型，或者构建指标体系采用相应的计量方法对区域竞争力进行分析，如 Vytautas Snieska（2009）与 Bruneckiene（2010）的研究，他们均采用因子分析方法，对立陶宛10个地区的区域竞争力进行了测量。Shaleen Singhal（2013）则通过在英国进行问卷调查，采用德尔菲分析方法、层次分析法并结合多准则分析方法确定指标权重，对英国伯明翰、格拉斯哥、利物浦和贝尔法斯特4个地区的竞争力进行了测算，结果显示，4个地区的竞争力排名依次为伯明翰、利物浦、格拉斯哥、贝尔法斯特。

对于区域竞争力的定量研究，国内多数学者采用的是因子分析或主成分分析方法，如石斌（2010）与上官飞、舒长江（2011）。有些学者采用了基于主成分分析与层次分析法的组合评价方法，如韩延玲（2012）利用该方法，选取了2008年新疆15个地州市的横截面统计数据进行分析，分析结果显示，新疆区域竞争力空间差异性较明显，北疆地区最强，东疆地区次之，南疆地区最弱。也有学者运用了主成分分析、客观赋权法对区域竞争力进行了评价，如戴宏伟、刘敏（2010）重点针对 2007 年京津冀和长三角都市圈的区域竞争力进行了比较分析，他们认为，长三角都市圈的区域竞争力高于京津冀都市圈，京津冀应学习、借鉴长三角区域协作发展的经验，加强区域内部整合与协作，以进一步提升区域整体竞争力。

第六节　总结与评述

国家竞争优势理论对产业集聚与竞争优势进行了探讨，使产业集聚受到学术界以及政府的关注。它一经提出，便得到了广泛的应用，Martin 和 Sunley（2003）认为，它不仅是分析工具，更是重要的政策工具。李明轩（2012）发现，发达国家政府拥护国家竞争优势理论，如美国、英国、法国等，在发展中国家它同样得到了广泛应用，并进一步延伸到国际组织，如经济合作与发展组织、欧盟以及世界银行。国家竞争优势理论虽然定位于国家层次，但它的分析框架完全适用于对地区、城市等级别的分析。

但是，国家竞争优势理论也存在以下不足：

第一，对跨国公司的作用未给予充分关注。国家竞争优势理论对钻石决定因素中的国际因素进行了相对浅显的介绍，而 Dunning（1993，1997）认为跨国公司对钻石模型的构成因素均具有不同程度的影响，尽管 Porter（1990，1998）并未否认一个集聚区国际联系对竞争力的潜在贡献，但仅放在相对次要的位置。Rugman（2003）同样认为国家竞争优势理论（钻石模型）在很大程度上忽略了跨国公司的价值，而在开放经济环境下，跨国公司在区域产业集聚和竞争力上具有较强的影响作用。正如 Birkinshaw 和 Solvell（2000）所述，首先，跨国公司促进了具有较强技术实力的研发机构在区域内的投资，这加强了已有的研发活动，进一步说明了集聚区内国内企业与跨国公司的合作进化。其次，高度动态化的区域集聚往往得益于跨国公司的直接投资，在实力较差或不成熟的集聚中，国内与国际集群中的参与者之间的合作进化具有较多的不确定性，跨国公司能在集聚的范围与深度上加强集聚的凝聚力。最后，跨国公司可以提高新兴产业集聚区吸引外资的能力，尤其是具有较强实力的大型跨国公司，可以成为集聚具有国际水平信任度的象征，这能够形成跨国公司投资的"滚雪球效应"，对产业集聚区的发展极为有利。Christian（2006）指出，在钻石模型框架中缺少跨国公司因素，跨国公司是产业集聚中很重要的因素，应该纳入钻石模型框架中，他进一步强调跨国公司在新兴的产业集聚中更为重要。

第二，未突出科学技术对竞争力的重要影响作用。当代国际竞争的经验表明，科技进步已经成为竞争力提升的关键和核心要素。20世纪90年代以来，美国经济增长的1/4以上归功于信息技术。雷鹏（2009）指出科学技术对于产业竞争力具有重要影响，但是这一点在国家竞争优势理论的分析中不是很突出。科技进步对产业竞争力提升的影响主要体现在：科技进步可以有效地提高生产效率，降低产品和服务的成本，而成本下降是保持和取得竞争优势的重要途径；科技进步可以有效地提高产品和服务的质量，在国际竞争中取得质量优势，并为品牌优势提供基础。

第三，国家竞争优势理论分析是描述性的静态分析，缺少时间上的纵向动态分析。从理论层面上来看，尽管该理论主张一个集聚区是动态的，但实际上所做的仅是描述性的静态分析。Motoyama（2008）认为，如果国家竞争优势理论能将产业集聚区的历史发展进行动态分析，那将更加强大和有用。

正如国家竞争优势理论强调的一样，产业集聚的发展是一个动态的过程。但其中的分析并不是动态的，没有考虑时间上的纵向分析，准确性相对不高。他只探讨了发展较好、较为成功的集聚区，并未对集聚区的发展进行历史分析。迄今为止，Porter（1994）仅一次指出历史进程：历史的属性是相互作用的，并且能够相互加强或衰退，因果性的积累过程变得难以被解开。

尽管存在以上缺陷，但 Feldman 和 Francis（2004）等许多其他的学者对集聚的发展进行了分析。这些学者都注重内容丰富、深入的历史研究并且从案例数据层面进行了探讨，但这样的分析也同样存在一定的局限性。Dunning（1998）与 Rugman（2012）指出仅从微观角度对跨国公司对产业集聚的影响进行研究具有很大的局限性，需要从宏观和微观两个方面同时进行研究。

不少学者致力于产业集聚影响区域竞争力的研究，并取得了一定的研究成果。不过，现有研究存在以下几个方面的不足，而这些不足正是本书试图突破的切入点。

第一，将跨国公司、产业集聚与区域竞争力置于统一框架下进行的系统研究相对有限。从研究内容来看，国内外学者已经着手对产业集聚促进区域竞争力提升、跨国公司促进产业集聚形成与发展进行研究，但是鲜有研究从跨国公司影响产业集聚进而影响区域竞争力的角度，对跨国公司影响产业集聚进而提升区域竞争力的机制进行系统研究。

第二，定量研究尚处于起步阶段。从研究方法上看，定量研究仅仅局限于测评产业集聚度或者区域竞争力，而对产业集聚影响区域竞争力的定量研究较少。同时，关于跨国公司影响产业集聚的定性研究也较多，缺少定量研究。

总体来看，有关产业集聚、区域竞争力及其相关问题的研究成果丰富，但是鲜有研究将跨国公司引入国家竞争优势理论模型，从宏观和微观两个角度对跨国公司影响产业集聚、产业集聚影响区域竞争力进行系统研究。随着计量经济学模型的不断发展，将研究由宏观深入至微观层面，系统探讨跨国公司对产业集聚、产业集聚对区域竞争力的促进作用更具有现实意义。

第三章　跨国公司、产业集聚与区域竞争力的评价与方法选择

跨国公司通过投资与技术因素对产业集聚的形成与发展产生了巨大的推动作用，进而促进了区域竞争力的提升。为了系统地对跨国公司影响产业集聚形成与发展，并进一步提升区域竞争力进行研究，首先需要结合研究目的与数据可得性对三者度量方法进行选择。本章将分别对跨国公司资本和技术、产业集聚和区域竞争力度量方法进行选取和详细介绍。

第一节　跨国公司资本和技术水平的评价

一　跨国公司资本水平的评价指标

易先桥（2006）认为，跨国公司是国际直接投资的主体，世界上绝大多数直接投资都是由跨国公司进行的。范飞龙（2005）、万军（2007）、王发明（2009）等多位学者指出，我国公开发布的数据中并不能获得跨国公司各区域的直接投资数据，而现实中也很难获得第一手的资料，由于外商直接投资的构成主体是跨国公司投资，因而可以由各区域实际利用外商直接投资额近似替代跨国公司投资数据。

二　跨国公司技术水平的评价指标

跨国公司在区域内技术指标数据不具备可得性，考虑数据的权威性，沿用高秀娟、崔新健（2008）以及崔新健（2011）的思路，选择跨国公司技术指标，即选取各区域大中型外资企业的技术数据

近似替代跨国公司技术数据。从数据的可得性来看，2009 年之前《中国科技统计年鉴》中，跨国公司分区域技术水平指标的统计口径为"各地区规模以上工业企业（三资）"的科技水平。但自《中国科技统计年鉴（2010）》开始，该统计口径已经不复存在。2009 年之前，《中国高技术产业统计年鉴》中的统计口径也是"三资企业"，2010 年，统计口径变为"各地区大中型外资企业"技术指标，但《中国高技术产业统计年鉴（2010）》中仅有 2009 年的各地区大中型外资企业技术水平指标，数据不具有连续性。2011 年，《中国高技术产业统计年鉴（2011）》中才包含了 2005 年和 2007—2010 年的各地区大中型外资企业技术水平指标。从现有文献中可以看出，2009 年之前中国学者均选取三资企业的技术指标近似替代跨国公司技术指标，考虑到跨国公司技术更多地集中在对高科技产业的投入，自 2009 年后，中国关于跨国公司技术的研究主要集中在高科技产业。因而本书选取《中国高技术产业统计年鉴（2011）》中的各地区大中型外资企业技术指标进行研究，其中包括大中型外资企业 R&D 人员全时当量、大中型外资企业科研机构人员数、大中型外资企业 R&D 经费内部支出、大中型外资企业技术改造经费支出、大中型外资企业技术引进费用支出、大中型外资企业研发机构数和大中型外资企业有效发明专利数（见表 3－1）。

表 3－1　　　　　　　　　　跨国公司技术指标

	指标选择
跨国公司技术	大中型外资企业 R&D 人员全时当量（人年）
	大中型外资企业科研机构人员数（人）
	大中型外资企业 R&D 经费内部支出（万元）
	大中型外资企业技术改造经费支出（万元）
	大中型外资企业技术引进费用支出（万元）
	大中型外资企业研发机构数（个）
	大中型外资企业有效发明专利数（个）

资料来源：国家统计局、国家发展和改革委员会、科学技术部：《中国高技术产业统计年鉴（2011）》，中国统计出版社 2011 年版。

第二节　产业集聚水平的评价方法选择

　　跨国公司作为产业集聚的重要参与者不仅直接推动了产业集聚的形成，而且与产业集聚的动态演化过程紧密相关。跨国公司的直接参与不仅增加了集聚区资本存量，而且以其技术优势带动集聚区的创新水平，更好地实现了集聚区与国际市场的接轨。较为准确地衡量产业集聚水平是研究跨国公司与产业集聚的前提，已有的产业集聚衡量指标主要包括行业集中度、赫芬达尔指数（HHI）、区位熵（LQ）、区位基尼系数（EG 指数）、空间基尼系数（SP 指数）等。各种产业集聚度评价方法各有利弊，并伴随着研究的深入而改进，应该根据研究内容选择相对合适的评价方法。

　　行业集中度是最简单、最常用的计算指标，它可以较好地反映产业集聚水平，测定产业内主要企业在市场上的垄断与竞争程度，但该指标不是一个全面综合指标，它只能反映排名前几位省区产业的规模情况，不能反映其他省区的产业规模分布情况。赫芬达尔指数（HHI 指数）能较为准确地反映大企业对市场的影响程度，同时反映市场内大企业的市场份额与结构，是一个综合指标，但赫芬达尔指数也有其自身的缺陷，比如它对数据具有较高的要求，并且其含义也不直观。

　　区位熵方法主要用于衡量某一区域要素的空间分布情况。它反映了某一产业部门的专业化程度，以及某一区域在高层次区域的地位和作用等多个方面，是一个很有意义的指标。在产业结构研究中，主要是运用区位熵指标分析区域主导专业化部门的状况。

　　区位基尼系数能从宏观上反映行业在区域内的分布形式，但仍然没有考虑行业内企业规模和数量地区分布的影响，这一指标为反映产业集聚的一个相对指标。空间基尼系数结合了 H 系数的结果，能够同时兼顾产业组织的差异，不仅反映出区域的差异，而且能够通过赫芬达尔指数体现企业规模的影响，能够更加精确地衡量不同产业的空间集聚水平。但是 EG 指数也有其自身的缺陷：一是它对数据的要求过高，由于我国难以得到基于厂商水平的赫芬达尔指数，因此该指数的计算可行性较差。二是 EG 指数的计算结果在行业间与同一行业的不同年份之间的波动很大，这与现实中产业集聚度的变化情况相差较大。针对空间基尼系数、赫芬达尔指数没有考虑空间距离的缺陷，Krugman（1991）与 Midelfart - Knarvik（2000）创造了 SP 指数，该方法多集中用于制造业行业集聚水平的衡量与比较，还常用于东中西部区域集聚水平差距比较，但较少有学者采用该指数研究 FDI 对产业集聚的影响。综合来看，以上产业集聚的测量方法各有利弊，较其他产业集聚度量方法，区位熵方法不但适用于制造业行业分析，也适用于各省（市）产业集聚水平的衡量，多用于研究跨国公司直接投资对产业集聚的影响，更适用于本书研究。从实际应用上来看，Jakub Soviar（2009）认为，区位熵是最受欢迎的测量产业集聚的方法。在近些年的学术研究中，区位熵同样被 Carroll 等（2008）、Boix 和 Galletto（2009）、Feser 和 Isserman（2009）、Chiang（2009）、Erkus - Ozturk（2009）、Andrew Crawley（2012）等多位学者用于产业集聚的测量。国内学者也多采用区位熵方法对产业集聚水平进行度量。

由此可见，区位熵的研究方法在产业集聚的相关研究中已日渐成熟，成为学术界公认的能够较好反映产业集聚的方法，因此，本书选用区位熵的方法对产业集聚水平进行度量。区位熵方法具体原理如下：

区位熵可以根据总产值或增加值计算得出，假设某一经济体（国家或地区）被划分为 i 个地理区域，则地理区域中产业的聚集度的计算公式为：

$$\beta_{ij} = \frac{q_{ij}/q_i}{q_j/q}$$

其中，β_{ij} 表示地区 j 产业的区位熵，q_{ij} 表示 j 地区 i 行业的总产值（增加值），$q_j = \sum_{i-1}^{n} q_{ij}$ 是地区 j 的所有产业的总产值（增加值），

$q_i = \sum\limits_{j-1}^{n} q_{ij}$ 表示行业 i 的高层次区域的总产值。如果 $\beta_{ij} > 1$，则表明 i 地区 j 产业的集中度高于全国平均水平，即说明该地区的 j 行业存在集聚现象；如果 $\beta_{ij} = 1$，则表明 i 地区 j 产业的集中度相当于全国平均水平，说明这个地区的产业集聚水平与全国持平；如果 $\beta_{ij} < 1$，则表明 i 地区 j 产业的集中度低于全国平均水平，即不存在集聚现象或者集聚现象不明显。

第三节 区域竞争力评价指标体系
确定与评价方法选择

一 区域竞争力评价指标体系确定

区域竞争力评价指标体系最初来自世界经济论坛（WEF）和洛桑国际管理发展学院（IMD）的国际竞争力报告。WEF 每年发表一份《全球国际竞争力报告》，IMD 每年撰写一本《世界国际竞争力年鉴》。在评价区域竞争力的指标体系构建上，WEF 的《全球国际竞争力报告》中包括了 195 个指标，由 68 个硬指标与 127 个软指标（实地问卷调查确定的指标）共同构成。IMD 的《世界国际竞争力年鉴》中则包括了 240 个指标，由 160 个硬指标与 80 个软指标组成。不难看出，WEF 和 IMD 构建的国际竞争力评价体系涵盖面广、权威性强。但缺点是：首先，评价体系中许多软指标的获得存在相当的难度；其次，它们对国家竞争力的评价是基于对相关因素的重要程度而定，并未建立多层次的测评模型。

而对我国区域竞争力的研究，在确定反映各省、市、自治区区域竞争力的指标时，显然不能照搬国际评价指标体系。遵循客观性、多角度、可行性和有效性等原则，本书在 Ronald L. Martin（2003）、IMD、WEF 相关指标体系上，结合王秉安（2000）、张为付（2002）、戴宏伟等（2010）、上官飞和舒长江（2011）、《中国省域经济综合竞争力发展报告（2011）》等文献中相关研究，确定从基础设施、资本要素、劳动要素、自然资源、产业竞争力、政府作用、科技与创新、对外开放度、人民生活水平、区域经济效益十个方面来衡量和评价我国区域竞争力，构建包括46个细分小类在内的指标体系。具体指标见表3-2。

本书区域竞争力指标体系的选择及处理程序为：

（1）确定区域竞争力综合指标，作为评价某一区域竞争力程度的最终标准。

（2）确定反映区域竞争力综合指标的二级指标。即在对多位学者区域竞争力指标体系总结归纳的基础上，根据区域竞争力的实际需要，系统、全面地选择反映区域竞争力的宏观指标。本书经过分析确定了10个二级指标（见表3-2）。

（3）确定能够反映区域竞争力二级指标的三级指标（见表3-2）。通过因子分析，将相关性强的三级指标归为一类，形成一个"共同因子"，即一种内在的结构。

（4）计算出每个二级指标的因子得分，作为区域竞争力评价的基础数据。

在区域竞争力指标细化表中有两项三级指标需要特别说明：

（1）就业调控能力用城镇登记就业率来表示，城镇登记就业率等于1减去城镇登记失业率。城镇登记失业率表示城镇登记失业人员与城镇单位就业人员（扣除使用的农村劳动力，聘用的离退休人员、港澳台地区农村劳动及外方人员）、城镇单位中的不在岗职工、城镇私营业主、城镇个体户主、城镇私营企业和个体就业人员、城镇登记失业人员之和的比。计算公式为：

城镇登记失业率=城镇登记失业人数/（城镇单位就业人员-使用的农村劳动力-聘用的离退休人员-聘用的港澳台地区及外方人员+城镇单位中的不在岗职工+城镇私营业主+城镇个体户主+城镇私营企业及个体就业人员+城镇登记失业人数）×100%

表 3－2   区域竞争力指标细化情况

一级指标	二级指标	三级指标
区域竞争力（A1）	基础设施（B1）	C11 人均铁路长度、C12 人均公路长度、C13 人均邮电业务总量、C14 移动电话年末用户数、C15 互联网上网人数、C16 全社会货物周转量
	资本要素（B2）	C21 人均城乡居民储蓄、C22 全社会固定资产投资额、C23 外商投资额、C24 人均财政支出
	劳动要素（B3）	C31 就业人员数、C32 大专以上人口数量、C33 人口识字率
	自然资源（B4）	C41 森林覆盖率、C42 人均土地面积、C43 人均年水资源量、C44 人均石油量、C45 人均煤炭量、C46 人均铁矿量、C47 人均天然气量
	产业竞争力（B5）	C51 企业单位数、C52 产品销售率、C53 流动资产周转次数、C54 第三产业产值占地区生产总值的比重、C55 第三产业从业人员占总从业人员的比重、C56 第二产业产值占地区生产总值的比重
	政府作用（B6）	C61 就业调控能力、C62 物价调控能力、C63 城镇人均失业保险金、C64 一般公共服务支出比例
	科技与创新（B7）	C71 R&D 经费、C72 R&D 人员全时当量、C73 三种专利授权数、C74 技术市场成交额
	对外开放度（B8）	C81 商品进出口总额、C82 商品出口增长率、C83 外贸依存度、C84 外资企业进出口额占进出口总额的比重
	人民生活水平（B9）	C91 城镇人均消费性支出、C92 农村人均生活消费支出、C93 城镇人均可支配收入、C94 农民人均纯收入
	区域经济效益（B10）	C101 人均地区生产总值、C102 居民最终消费支出、C103 消费品零售总额、C104 消费品零售总额增长率

资料来源：在考虑指标数据可得性的前提下，根据相关文献整理得出。

（2）物价调控能力用通货膨胀率的倒数来表示。通货膨胀率用居民消费价格指数的变动来衡量，表示为：物价调控能力 =（居民消费价格指数 － 100）/100。其中居民消费价格指数是反映一定时期内城乡居民所购买的生活消费品价格和服务项目价格变动趋势及程度的相对数，是对城市居民消费价格指数和农村居民消费价格指数进行综合汇总计算的结果。该指数可以观察和分析消费品的零售价格和服务项目价格变动对城乡居民实际生活费支出的影响程度。

二　区域竞争力评价方法选择

以往关于区域竞争力评价的方法多采用因子分析法与权重相结合的方法，权重确定方法大致可以分为两类：一类是主观赋权法，另一类是客观赋权法。主观赋权法所采用的方法是专家从不同的角度对研究对象打分，难以避免主观因素对评价结果的影响，如层次分析法、模糊综合评判法等；客观赋权法依据客观指标信息决定权重，避免了人为因素带来的偏差，可靠性相对较高，如熵值法等。

逼近理想解排序法不仅考虑到权重，还考虑到每一个评价目标与理想目标的距离，相比仅考虑权重的方法，评价更为全面精确，在综合评价中具有较大的应用价值。因而，本书采用因子分析和逼近理想解方法（TOPSIS）相结合的方法，在逼近理想解排序法中，选取客观赋权法中的熵权法对权重进行确定。具体评价过程如下：

首先利用因子分析法计算各二级指标的得分值，然后利用逼近理想解排序法（Technique for Order Preference by Similarity to an Ideal Solution，TOPSIS），将二级指标得分值代入，对区域竞争力进行评价。

（一）因子分析法

因子分析法是目前应用最为广泛的指标综合评价方法，它以少数的公共因子的线性函数与特定因子之和来反映被观测变量，通过矩阵分析，将多个错综复杂的变量归结为少数几个综合因子。当公共因子的累积方差和高于85%时，可以认为公共因子反映了所研究问题的大部分信息，且信息不具有重叠性。

因子分析法的具体步骤如下：

假设有 n 个样本，每个样本有 p 个指标，得到原始数据矩阵：

$$X = \begin{bmatrix} X_{11} & X_{12} & \cdots & X_{1p} \\ X_{21} & X_{22} & \cdots & X_{2p} \\ \vdots & \vdots & \vdots & \vdots \\ X_{n1} & X_{n2} & \cdots & X_{np} \end{bmatrix}$$

第一步，将原始数据进行标准化处理，以消除不同指标数量级和量纲对评价结果的影响：

$$X'_{ij} = (X_{ij} - \overline{X}_j)/S_j$$

其中，$\overline{X}_j = \sum\limits_{i=1}^{n} X_{ij}/n\,(i = 1, 2, 3, \cdots, n; j = 1, 2, \cdots, p)$

经标准化后，X'_{ij}满足：

$$\overline{X}'_{ij} = 0，Var = X'_{ij} = 1$$

第二步，计算样本相关矩阵 R。

$$R = \begin{bmatrix} r_{11} & r_{12} & \cdots & r_{1p} \\ r_{21} & r_{22} & \cdots & r_{2p} \\ \vdots & \vdots & \vdots & \vdots \\ r_{n1} & r_{n2} & \cdots & r_{np} \end{bmatrix}$$

矩阵中相关系数 r_{ij} 计算公式为：

$$r_{ij} = \sum\limits_{k=1}^{n} X'_{ki} X'_{kj}/(n-1)\,(i = 1, 2, 3, \cdots, n; j = 1, 2, \cdots, p)$$

第三步，计算相关矩阵 R 的特征值、特征向量与贡献率。

根据特征方程式 $|R - \lambda I| = 0$，求 p 个特征根 λ_m（$m = 1$，2，$\cdots, p$）；根据方程组 $(R - \lambda_m I) U_m = 0$，求得 λ_m 对应的特征向量 U_m（$m = 1$，2，$\cdots$，p）。

第四步，求 m 个因子的累积方差贡献率：

$$\theta(k) = \left(\sum\limits_{m=1}^{k} \lambda_m \right) \Big/ \sum\limits_{m=1}^{p} \lambda_m$$

根据准则 $\theta(k) \geqslant 85\%$，确定 k 值。

第五步，计算 k 个因子综合得分。

将因子变量表示为原有变量的线性组合，即：

$$F_{mi} = \sum_{j=1}^{p} U_m X_{ij} (i = 1,2,3,\cdots,n; j = 1,2,\cdots,p)$$

用每个因子的贡献率做权重，进行加权求和即得综合值。

$$F_i = \sum_{m=1}^{p} \beta_m F_{mi} \left(\beta_m = \lambda_m \Big/ \sum_{i=1}^{p} \lambda_m \right)$$

（二）逼近理想解排序法（TOPSIS 方法）

TOPSIS 方法在 1981 年由 C. L. Hwang 和 K. Yoon 首次提出，是一种有效的多目标决策方法。TOPSIS 法根据有限个评价对象与理想化目标的接近程度进行排序，理想化目标（Ideal Solution）有两个，一个是肯定的理想目标（Positive Ideal Solution）或称最优目标，另一个是否定的理想目标（Negative Ideal Solution）或称最劣目标，评价最好的对象应该是与最优目标的距离最近，而与最劣目标最远。

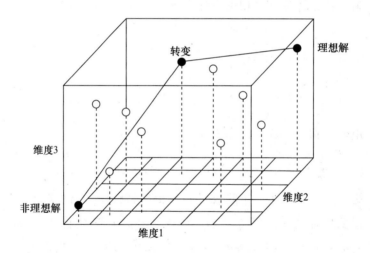

图 3 - 1　TOPSIS 方法原理

1. 数据预处理

设数据集 Y 具有 n 个待评单位，m 个评价指标，则原始数据用矩阵表示为：

$$Y = \begin{bmatrix} y_{11} & y_{12} & \cdots & y_{1m} \\ y_{21} & y_{22} & \cdots & y_{2m} \\ \vdots & \vdots & \vdots & \vdots \\ y_{n1} & y_{n2} & \cdots & y_{nm} \end{bmatrix}$$

其中，y_{ij} 表示 i 待评单位的 j 评价指标值，其中，$i = 1$，2，$\cdots$，n；$j = 1$，2，$\cdots$，m。

但考虑有些数值为负值，因而做如下变换，将数据变为非负数据，令 $k_j = |\min\limits_i y_{ij}|$，$K = (k_1, k_2, \cdots, k_m)$，则有：$X = Y + K$，用矩阵表示如下：

$$X = \begin{bmatrix} y_{11} + k_1 & y_{12} + k_2 & \cdots & y_{1m} + k_m \\ y_{21} + k_1 & y_{22} + k_2 & \cdots & y_{2m} + k_m \\ \vdots & \vdots & \vdots & \vdots \\ y_{n1} + k_1 & y_{n2} + k_2 & \cdots & y_{nm} + k_m \end{bmatrix} = \begin{bmatrix} x_{11} & x_{12} & \cdots & x_{1m} \\ x_{21} & x_{22} & \cdots & x_{2m} \\ \vdots & \vdots & \vdots & \vdots \\ x_{n1} & x_{n2} & \cdots & x_{nm} \end{bmatrix}$$

由于原始观察值越大，对应的非负化后的值则越大，区域竞争力水平越高。因而定义理想数列（IDR）和非理想数列（ANIDR）如下：

$$\text{IDR} = (\max\limits_i x_{i1}, \max\limits_i x_{i2}, \cdots, \max\limits_i x_{im}) = (a_1, a_2, \cdots, a_m)$$

$$\text{ANIDR} = (\min\limits_i x_{i1}, \min\limits_i x_{i2}, \cdots, \min\limits_i x_{im}) = (b_1, b_2, \cdots, b_m)$$

2. 权重的确定

本书采用熵权法，它根据各指标所含信息量的大小确定指标权重，根据信息论基本原理，信息是系统有序程度的一个度量，而熵是系统无序程度的一个度量。信息量越大（小），不确定性越小（大），熵也越小（大）。

设有 n 个待评单位，m 个评价指标，熵权法的具体步骤如下：

a. 计算第 j 项指标下第 i 个评价单位指标值的比重 P_{ij}，公式为：

$$P_{ij} = X_{ij} \Big/ \sum_{i=1}^{n} X_{ij}$$

b. 计算第 j 项指标的熵值，公式为：$e_j = -\sum_{i=1}^{n} P_{ij} \ln P_{ij} / \ln(n)$

c. 计算第 j 项指标的差异系数 g_j，公式为：$g_j = 1 - e$

d. 计算第 j 项指标的权重 w_j，公式为：$w_j = g_j \Big/ \sum_{j=1}^{m} g_j$

e. 计算各待评单位的综合评价值 V_i，公式为：$V_i = \sum_{j=1}^{m} w_j P_{ij}$

3. 加权距离

用闵可夫斯基（Minkowski）权重距离公式表示某变量与理想数列和非理想数列的距离如下：

$$WD(i, IDR) = \left[\sum_{j=1}^{m} \left(|x_{ij} - a_j|^{3/2} w_j \Big/ \sum_{j=1}^{n} |x_{ij}|^{3/2} \right) \right]^{2/3}$$

$$WD(i, ANIDR) = \left[\sum_{j=1}^{m} \left(|x_{ij} - b_j|^{3/2} w_j \Big/ \sum_{j=1}^{n} |x_{ij}|^{3/2} \right) \right]^{2/3}$$

4. 评价指标

第 i 个待评单位的总体评价指标表示如下：

$$I_{WD_{k,l}} = \frac{WD_k(i, ANIDR)}{WD_k(i, IDR) + WD_k(i, ANIDR)} \qquad i = 1, 2, \cdots, n$$

该指标值越高说明区域竞争力水平越高。

逼近理想解排序法，同时兼顾了指标权重与最优解距离两方面要素，将逼近理想解排序法与因子分析法结合在一起，较之前的区域竞争力测评方法而言更为科学。

第四章 跨国公司对产业集聚的影响分析

——以长三角地区为例

本章将首先探讨跨国公司促进产业集聚形成与发展的作用机制；其次以长三角地区为研究对象，分别对该地区跨国公司投资和技术现状、制造业产业集聚现状进行描述性统计分析；最后利用灰色关联分析模型对长三角地区跨国公司资本和技术对制造业产业集聚的影响进行了实证研究，并对实证结果做进一步的分析。

之所以以长三角地区为研究对象，是因为长三角地区是我国经济最发达的地区之一，是跨国公司主导型产业集聚区的代表区域。从20世纪90年代中后期起，跨国公司就开始大规模进入长三角地区，并逐渐成为该地区外资和外贸的主导力量之一。长三角地区拥有跨国公司所看重的大量低成本、高素质的劳动力，完善的产业基础，良好的市场环境，稳定开放的政策环境，这些因素吸引了跨国公司的大量涌入，并形成了跨国公司主导型制造业产业集聚区。

第一节 跨国公司影响产业集聚形成和发展的作用机制

在全球化的进程中，跨国公司制定全球战略，优化配置资源，将企业的各项职能安排在具有相应优势的地区，服务于跨国公司全球的生产网络。跨国公司为获取东道国地区的创造性资源而选择进入，在其他条件同时具备时，跨国公司的主动性参与将加速产业集聚的形成与发展。

　　跨国公司主导型产业集聚的产生是跨国公司主动参与，再加上政府的支持性的对外招商引资政策与产业政策等一系列外部条件综合推动的结果。跨国公司的集聚区域往往拥有廉价的生产要素，如土地、劳动力，以及基础设施等。在政府政策支持与市场机遇下，跨国公司开始向具有要素禀赋和条件优势的国家或区域进行资本和技术的投入，以实现利润最大化的目标，从而促进这些国家或区域产业集聚的形成与发展。

一　跨国公司投资对产业集聚影响的作用机制

　　通过对现有文献的归纳与总结，现对跨国公司投资促进产业集聚形成与发展的作用机制及过程作具体阐述。

（一）跨国公司投资促进产业集聚形成

　　跨国公司投资分为水平型 FDI 和垂直型 FDI。垂直型 FDI 与跨国公司全球生产与销售系统相匹配，它充分利用国际间要素禀赋的同时满足了东道国与国际市场的需求。跨国公司将产品价值链的各个环节（生产、研发、组装等）分布在世界各地，是全球生产分工提高的重要表现。垂直型 FDI 的大量涌入是 FDI 产业集聚形成的前提。笔者将跨国公司投资对产业集聚形成的推动作用，总结为以下三个方面：

1. 跨国公司网络关系移植

　　跨国公司投资能够带来上下游与之配套的多家相关企业，围绕核心跨国公司形成与某一产业密切相关的网络。Debaere（2010）指出，跨国公司自身存在相对稳定的生产与销售网络，跨国公司将这种已有的垂直生产网络结构复制和延伸至东道国，将大大减少投资初期的不确定性，降低投资成本。这种成本包括了建立工厂的成本、建立与相关企业间联系的成本、信息搜寻成本等。陈景辉（2010）认为，跨国公司自身的网络是企业间长期协作积累的结果，同样是比较优势原则的体现。如丹麦马士基集团，作为全球最大的物流服务商，追随瑞典宜家（IKEA）进入中国，负责宜家在 29 个国家的 2000 多家供应商、164 家专卖店、1000 多种家具材料的物流任务。与此同时，它还承揽了耐克、阿迪达斯、米其林轮胎等多家伙伴公司的全球物流服务。在这种情况下，我国相关企业与其相比就不具备明显的优势。

2. 竞争对手"跟随战略"

Stephan（2008）的研究发现，跨国公司竞争对手为了争夺潜在市场，会采取"跟随战略"进入产业集聚区，即每一家大型跨国公司对其他大公司的行动较为敏感，紧盯竞争对手的行动，一旦竞争对手对某市场进行直接投资，就实行跟进战略，以维护自己的相对市场份额。陈景辉（2009）与孟令岩（2012）则进一步指出，跨国公司竞争对手的到来同样会带来相当规模的配套生产、研发与生产服务企业，这势必引起外商直接投资在某个区域的成批出现，由跨国公司及其竞争对手所带来的大批业务会引起本地企业、大学与科研机构、咨询公司等中介服务机构的相继落户，呈现出产业聚集性，促进产业集聚的进一步发展。

3. 产业（企业）关联

产业集聚是相关产业与支持产业以及中介服务机构在空间地理位置上的集聚。跨国公司上下游配套企业在区域内的投资将会放大产业集聚区资本积累的作用。He（2010）、Amiti 和 Javorcik（2008）与徐晓丹（2011）等多位学者发现，跨国公司同上下游企业保持合作，这样能够形成以跨国公司为核心，相关配套企业为节点的基本产业集聚群。同时，跨国公司上下游配套企业的辅助性企业在集聚区内的新的投资，将进一步扩展和延伸产业链，使产业集聚的规模再次扩大，并趋于稳定。

正是由于这些因素的存在，跨国公司投资引起了当地产业集聚的形成，并使所在区域的竞争力得到提升。可以说，跨国公司投资对产业集聚的初期形成起到了重要的推动作用。产业集聚初步形成后，跨国公司为降低成本、加强创新，会利用自身优势对与之相关的企业进行全方位资源整合，这在一定程度上巩固了形成的产业集聚。

（二）跨国公司投资促进产业集聚发展

跨国公司主导产业集聚的形成，初步强化了产业集聚内部企业间的分工协作与梯度互补，逐步完善产业链建设，营造出网络化的商业环境，由此推动了产业集聚的稳步发展。Ge（2009）、Liu 和Tao（2009）与 Liu（2008）指出，跨国公司有着先进技术与丰富管理经验的积累，能够对本土企业产生示范、学习效应，本地企业在产业集聚区域内靠近跨国公司，能够更多地分享到跨国公司管理经验，较快地融入全球生产分工体系中，从而提高自身在国际产业链中的分工等级与分工利益。因而这种知识外溢会吸引大量企业的集中落户，通过多种正式或非正式信息交流渠道实现知识的分享，提高企业的学习、模仿、创新能力，进而促进整体产业的发展。

同时，He（2010）认为，跨国公司的进入将进一步改善产业集聚区的投资环境，促进投资的良性循环。跨国公司、上下游配套生产企业、中介服务机构之间的通力合作，会吸引更多企业进入集聚区，并推动产业集聚逐步趋于成熟。

二 跨国公司技术对产业集聚影响的作用机制

为了有效地实施全球化研发战略目标，跨国公司需要更多地将研发本土化，在跨国公司的总体协调下结成有效的全球创新网络，跨国公司在各地分别承担不同的研发任务。雷鹏（2009）认为，跨国公司技术作为外部知识源对于集聚的创新作用非常有必要，它能够打破企业中已固有的由于长期学习与积累所形成的被"锁定"的失去竞争力的技术"轨道"。

自 20 世纪 80 年代以来，许多国家与地区纷纷借鉴美国"硅谷"的发展模式，以科技工业园带动高科技产业集聚的发展，增强区域竞争力。我国自 20 世纪 80 年代末起也引入了科技工业园这一发展模式。陈景辉（2010）发现，以高科技产业集聚区为主体的科技工业园区，极富生命力与竞争力，并逐渐成为吸引资金、商品、新技术、高端人才、信息等优势资源趋于集中的"磁极"。

　　跨国公司技术促进产业集聚形成的更深层原因在于技术本身所具有的黏性特征。Cantwell 和 Mudambi（2011）、Lee（2012）与张宗庆、张寅（2012）等学者承认技术传播的空间局限性，他们认为企业中技术可分为可编码技术与非编码技术两类。其中，可编码技术可以凭借便捷的计算机与通信网络进行传播，但非编码技术由于是模糊的、不确定的且不易被认知的，它在空间传递的边际成本随距离而递增。非编码技术往往内嵌在一定的背景、群体或社会环境中，这造成了非编码技术的传播受到空间的束缚。各企业内的核心技术大多属于非编码技术，为了保证技术创新的时效性与收益性，各创新主体需要最大限度地临近创新技术源，通过各主体间的频繁交流、会晤来获得新的技术。陶凌云（2010）也指出，非编码知识具有较强的社会根植性，与企业家的生活环境、历史渊源和文化底蕴密切相关，各企业之间的互信合作关系的建立有利于创新。集聚增加了企业间相互学习的机会，可以加速知识的转移与扩散。技术的可编码性越低，越需要企业集聚在一起，从某种程度上而言，技术的可编码程度与产业集聚成反比关系，这也是形成高技术产业集聚的主要原因。

　　Mudambi（2012）的研究表明，知识溢出更容易在相近的区域内发生，并非跨地区的自由流动，区域知识的快速流动能够加快技术创新，高技术产业中非编码知识含量高，不便于远距离传播。梁琦（2004）通过对知识流动与高技术产业集聚关系的考察指出，知识溢出的地域性主要源于知识的黏性特征，这种空间局限性促成了以高科技为纽带的产业集聚的形成。跨国公司技术可以有效地加快产业集聚的形成，主要从以下三方面来看：

　　一是跨国公司自身的技术网络结构是由物质资源与非物质资源共同组成的，具有相对稳定的结构，形成了基本生产网络，产生小规模的产业集聚。这可以降低配套企业所处环境的静态或动态不确定性，便于各行为主体之间在信息交换、功能互补与相互信任等方面结成稳定的关系。

二是跨国公司能为当地企业提供更多的先进技术渠道，当地企业可以通过跨国公司技术这条渠道获取国际先进技术并与本地企业内部创新有机结合，推进经营与创新战略的融合。跨国公司技术网络对接区域企业网络能够优化本地创新的组织机制，强化空间产业集聚。在集聚内部，由跨国公司技术所主导的创新网络通过各行为主体多边交易中的学习与创新系统的逐步完善而不断积累与强化。

三是跨国公司动态的技术更新理念与标准化的技术更新过程，增强了集聚区内各企业主体根据市场变化相时而动能力，同时也保证了技术之间的关联性、传播性和创新观念的与时俱进，以及核心产业集聚水平的强化。这样，能更好地突出跨国公司技术、当地技术、本地企业网络、跨国公司网络、产业集聚之间的联系。

第二节　长三角地区跨国公司与产业集聚现状分析

长三角地区指的是江（江苏）、浙（浙江）、沪（上海）两省一市组成的行政区域，近年来，一直是外商直接投资的"必争之地"。政府通过招商引资等优惠政策为长三角地区的快速发展提供了良好的预期，在这一过程中，跨国公司投资成为长三角地区产业集聚形成与发展的核心资本源头。据商务部的调研报告显示，47%的跨国公司投资首选长三角地区。目前，长三角地区已经成为跨国公司全球生产与加工的重要基地，跨国公司已经进入微电子、软件、计算机、通信等多个制造业领域，跨国公司投资环境逐步完善。跨国公司投资更多的是从资本形成途径产生影响，但跨国公司进入后，能否长时间地持续促进长三角地区的发展，不仅在于资本的加速形成，更重要的是跨国公司技术对长三角地区技术效率的改善。因此，从跨国公司投资和技术的综合角度来考察跨国公司主导型产业集聚的形成机理非常必要。本节重点在于对长三角地区跨国公司投资和技术现状以及产业集聚现状进行分析。

一　长三角地区跨国公司现状

（一）长三角地区跨国公司投资现状

长三角地区既是我国最发达的经济区域之一，也是我国最重要的制造业基地。20 世纪 90 年代浦东开放政策加快了长三角地区的对外开放进程，上海成为带动长三角地区经济发展的龙头。1992 年长三角地区外商直接投资及其他投资总额在全国的比重首次超过 20%；1999 年达到了 101.47 亿美元，占全国的比重为 25%。2003 年，长江三角洲地区共吸收外资合同金额为 531.14 亿美元，实际利用外资金额 271 亿美元，实际利用外商直接投资全国占比近半，长三角地区成为全国利用外资总重最大，增长最快、势头最猛的地区。截至 2011 年，长三角地区实际利用外资额为 564 亿美元，占全国利用外资总量的 48% 左右。跨国公司投资通过增加资本存量、提升资本质量等多个方面对长三角地区产生积极影响，从而成为促进长三角地区经济快速增长的主要推动力之一。

1. 长三角地区跨国公司投资现状描述性分析

从长三角地区各省市的情况来看，在经济全球化与信息技术的推动下，自 1987 年以来，上海实际利用外商直接投资额总体表现为持续增长，尤其是自 1992 年开始，出现飞跃式发展，直至 1997 年一直保持正向增长。但 1998 年和 1999 年，受到东南亚金融危机的影响，跨国公司对上海采取谨慎性投资，上海实际利用 FDI 这两年快速下降。直到 2000 年，实际利用外商直接投资额才又开始稳步上升，并在 2011 年达到了 126 亿美元（见图 4 - 1）。

江苏自 1987 年以来，实际利用外商直接投资额同样总体表现为持续增长（见图 4 - 2）。1991 年，跨国公司在江苏的投资出现飞跃式发展，1992 年，实际利用外商直接投资额实现了近 5 倍的增长，至 1997 年基本保持了正向的增长。同样受到 1998 年东南亚金融危机的影响，1999 年江苏实际利用外商直接投资额增幅平缓，但自

2000 年开始，江苏实际利用外商直接投资额又实现快速稳步上升，并在 2011 年达到了 321 亿美元。

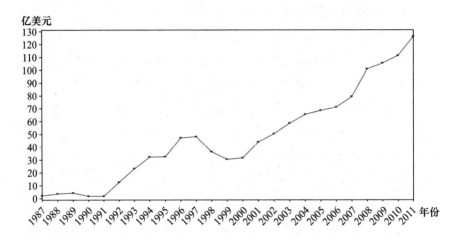

图 4 – 1　1987—2011 年上海实际利用外商直接投资额

资料来源：历年《上海市统计年鉴》。

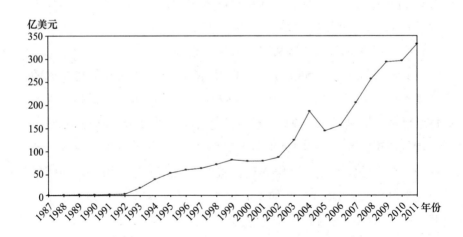

图 4 – 2　1987—2011 年江苏实际利用外商直接投资额

资料来源：历年《江苏省统计年鉴》。

就浙江省而言，1987 年以来，实际利用外商直接投资额总体表现为持续稳定增长（见图 4 – 3）。从 1991 年开始，实际利用外商直接投资额出现较大幅度的增加，至 1997 年，基本保持了正向的增长。同样受到金融危机前全球投资环境的不利影响，1997 年和 1998年浙江实际利用外商直接投资额增速明显降低，1999 年实际利用外商直接投资额增速虽略有恢复，但增长较为缓慢。直到 2001 年，浙江实际利用外商直接投资额虽表现为快速飞跃式发展，但持续到2008 年美国金融危机的到来，又开始随之下降。之后在 2010 年实际利用外商直接投资额开始逐渐平稳上升，并在 2011 年达到了 116亿美元。

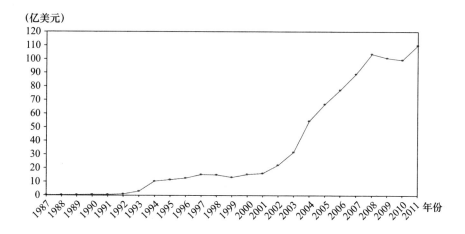

（亿美元）

图 4 - 3　1987—2011 年浙江实际利用外商直接投资额

资料来源：历年《浙江省统计年鉴》。

综上所述，从实际利用外商直接投资额的角度来看，自 1987—2011 年 24 年间，跨国公司在长三角地区的投资数量显现增加趋势。上海、江苏、浙江三个省市在 1991 年之前，实际利用外商直接投资额增长均较为缓慢，水平也基本相当。但自 1991 年开始，随着各省市发展重点与招商引资政策的变化，三省市实际利用外商直接投资额出现明显差异。1992—2011 年，江苏实际利用外商直接投资额的水平持续领先，并且与上海、浙江之间的差距逐渐拉大。而上海与浙江实际利用外商直接投资额的数量则表现为交错上升趋势。

从实际利用外商直接投资额的增长率角度来看，1987—1994年，上海波动性最大，其次为江苏，浙江省的实际利用外商直接投资额的变动最为平稳。自1993年起，长三角地区实际利用外商直接投资额的增长率在经过高速增长后，逐渐下降，并于1995年后逐渐趋于平稳（见图4-4）。

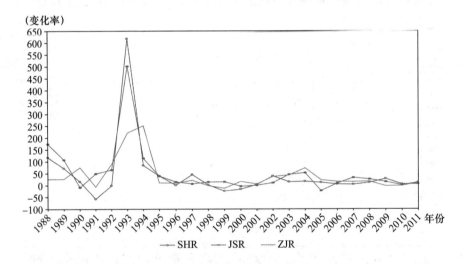

图4-4 长三角地区实际利用外商直接投资额变化

注：图中 SHR 表示上海市变化率，JSR 表示江苏省变化率，ZRJ 表示浙江省变化率。

资料来源：历年《上海市统计年鉴》《江苏省统计年鉴》《浙江省统计年鉴》。

从长三角地区实际利用外商直接投资额全国占比的角度来看，近11年，长三角地区实际利用外商直接投资额占全国比重一直保持在40%左右（见表4-1）。其中，江苏实际利用外资占全国比重最高，基本保持在14%—28%，并逐年增长，2011年达到27.30%。2001—2011年，上海实际利用外资占全国比重保持在10%左右，呈现稳定缓慢上升趋势。2001—2005年，浙江实际利用外商直接投资额占全国比重逐年上升，并在2006年达到13.25%，之后开始缓慢回落，在2008—2011年保持在10%左右。从长三角省域层面的分析上可以看出，江苏在吸引跨国公司投资中更具有一定优势。

表 4 - 1　　　　2001—2011 年长三角地区实际利用外商
直接投资额占全国比重　　　　单位:%

年份	2001	2002	2003	2004	2005	2006	2007	2008	2009	2010	2011
全国占比	27.63	33.73	48.28	39.58	43.50	49.84	51.29	47.53	49.89	46.52	47.92
上海	8.84	9.14	10.42	10.21	10.74	10.60	10.11	10.59	11.48	10.22	10.71
江苏	14.34	18.84	28.15	18.94	20.66	25.99	27.95	26.37	27.58	26.19	27.30
浙江	4.45	5.74	9.71	10.43	12.10	13.25	13.23	10.57	10.83	10.11	9.91

资料来源：根据历年《中国统计年鉴》相关数据整理计算得出。

2. 长三角地区跨国公司投资结构现状分析

跨国公司在长三角地区投资总量不断增加的同时，还呈现出较为明显的结构特征。

跨国公司在上海投资结构上的特征表现为：第一，从投资方式来看，上海市吸收独资经营跨国公司投资为主。2011 年，上海市实际利用外资及中国港澳台投资为126.01 亿美元，其中利用独资经营跨国公司投资额为 102.07 亿美元。第二，实际吸收投资以港、澳、台跨国公司为主，其他跨国公司投资数量呈逐渐上升趋势。2011年，上海市实际利用港、澳、台跨国公司投资额为 57.4 亿美元，而利用其他跨国公司投资额为 39.37 亿美元，占跨国公司在上海签订合同项目总数的 31.25%。第三，跨国公司在上海的投资已由第二产业转向第三产业。2011 年，上海市第二、第三产业实际利用外商投资额分别为 21.33 亿美元与 104.30 亿美元。

跨国公司在江苏投资结构上同样表现出明显的特征：第一，跨国公司来源突破了原来以中国港、澳、台地区为主的局面，来自世界各国的跨国公司逐渐增多。2011 年，江苏省实际利用直接投资额为 304.8 亿美元，其中中国港、澳、台跨国公司直接投资额为179.52 亿美元，其他跨国公司直接投资额为 125.37 亿美元，较上一年增加15.2亿美元。第二，跨国公司投资主要集中在第二产业，尤其是制造业。2011年，江苏省制造业实际利用外商投资额达187.25亿美元，占比58.33%。第三，跨国公司多在开发区进行投资。2011年，开发区实际外商及中国港、澳、台直接投资额为243.29亿美元，占江苏省实际外商及中国港、澳、台直接投资额的比重为75.79%。

跨国公司在浙江投资结构上的特征表现为：第一，跨国公司在浙江的投资主要集中于第二产业。2011年，浙江第二产业实际利用外资60.86亿美元，占全省实际利用外资及中国港、澳、台投资总额的52.47%，充分说明了浙江无愧长三角地区的制造大省之称。第二，就跨国公司地区来源来看，浙江跨国公司目前还是以中国港台跨国公司为主，欧美跨国公司为辅。其中，2011年浙江中国港台跨国公司实有企业数为10893个，占全省跨国公司实有企业数的37.9%，欧美跨国公司占全省跨国公司实有企业数的13.0%，而来自日本、韩国、新加坡的跨国公司占比仅为8.9%。

（二）长三角地区跨国公司技术现状

1984年10月18日，国务院在我国长三角成立第一个开发区，20世纪90年代中后期，跨国公司开始大量进入长三角地区。继1997年德国巴斯夫公司之后，包括朗讯、诺基亚、拜尔、杜邦在内的大型跨国公司在长三角地区建立了多家研发中心。经过20多年的发展，长三角地区已经成为我国经济最发达的地区之一，并且成为跨国公司技术的聚集地。跨国公司在长三角地区投资形成规模后，长三角工业园区成为跨国公司技术传播的有效载体，并进一步加强产业集聚。跨国公司技术通过降低运输成本、提高集聚区企业研发水平、人才引进、促进企业生产模式变革、提高企业生产率等方式来加强产业集聚。

1. 长三角地区跨国公司技术现状分析

分省市来看，2005—2011年，上海市各项科技指标中R&D人员全时当量、R&D经费内部支出、研发机构数、机构人员均表现为持续稳定的增长趋势。其中，R&D 经费内部支出在 2010 年增长最快，但在 2011 年又有所降低，由 2010 年的 473826 万元降至 2011 年的 298485 万元。技术引进经费支出在 2008 年和 2009 年呈现不同程度的下降，由 2007 年的 239035 万元，降到了 2008 年的 70818 万元，降幅达到了 70.4%，虽在 2011 年有所回升，但并未回到 2007 年的水平。技术改造经费支出在 2009 年出现下降，技术改造经费支出在 2009 年为 29957 万元，比前一年下降了 23.0%，但在 2011 年回升为 44277 万元。有效发明专利数在 2011 年下降为 1130 件（见表 4-2）。以上说明，上海市外资企业的技术改造经费和技术引进经费均受到了金融危机的影响，从数据上可以看到，上海市政府也在采取措施，来抵御经济危机的影响。

表 4-2　　　　　　　　上海市外资企业各项科技指标汇总

年份 指标	2005	2007	2008	2009	2010	2011
R&D 人员全时当量（人年）	4991	7851	7025	10267	10984	8714
R&D 经费内部支出（万元）	255992	364179	366395	377766	473826	298485
有效发明专利数（件）	179	150	427	1785	1676	1130
技术改造经费支出（万元）	36715	27963	38929	29957	40668	44277
技术引进经费支出（万元）	125685	239035	70818	32689	34278	31865
研发机构数（个）	35	48	52	71	72	53
机构人员（人）	6836	9472	10553	15356	15399	11377

资料来源：根据《中国高技术产业统计年鉴（2011—2012）》相关数据整理计算得出。

2005—2011 年，上海市各项科技指标虽部分指标有不同程度的增减变化，但绝大多数指标表现为不同程度的增加趋势。图 4-5 显示，上海市实际利用外商直接投资额与各项科技指标变化基本相同。

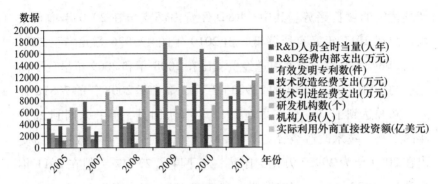

图4-5 上海跨国公司技术各指标与实际利用外商直接投资额的变动趋势

注：为更直观地反映对比结果，各年 R&D 经费内部支出、有效发明专利数、技术改造经费支出、技术引进经费支出、机构人员、实际利用外商直接投资额相应数值统一进行了 10 倍或 100 倍扩大或缩小。

资料来源：《中国高技术产业统计年鉴》(2011—2012)、《上海市统计年鉴》(历年)。

2005—2011 年，江苏各项科技指标中 R&D 人员全时当量、R&D 经费内部支出、研发机构数、机构人员均表现为持续稳定的增长趋势。其中，2011 年，R&D 人员全时当量为 25640 人年，比前一年降低了 6315 人年。R&D 经费内部支出为 880778 万元，比前一年增长了 26.17%。研发机构数达到了 194 个，比 2010 年减少了 2 个。机构人员为 18238 人，比上一年减少了 2929 人。其中，技术引进经费支出波动较大，在 2008 年、2009 年连续两年出现下降趋势，2008 年技术引进经费支出为 112291 万元，比 2007 年下降了 38.30%。而 2009 年技术引进经费支出仅为 64655 万元，在 2010 年和 2011 年又很快回升，分别达到 111576 万元和 110422 万元。技术改造经费支出与有效发明专利数均在 2009 年出现较小规模的下降，但在 2010 年均出现上升趋势，2011 年又略有下降。2011 年，有效发明专利数比 2009 年增长了一倍多，达到了 1702 件，上升明显（见表 4-3）。总体来看，在经历 2009 年经济危机之后，江苏各项科技指标在 2010 年均出现较快的增长。2011 年，除 R&D 经费内部支出有所上升外，其他技术指标均略有下降，但基本水平保持稳定，技术创新在江苏省得到了大力发展。

表 4 – 3   江苏省外资企业各项科技指标汇总

指标 \ 年份	2005	2007	2008	2009	2010	2011
R&D 人员全时当量（人年）	9975	10105	13196	23210	31955	25640
R&D 经费内部支出（万元）	195222	392761	473085	493727	698061	880778
有效发明专利数（件）	144	577	622	615	1721	1702
技术改造经费支出（万元）	86097	147512	175190	137170	250109	189941
技术引进经费支出（万元）	160340	181990	112291	64655	111576	110422
研发机构数（个）	48	106	146	168	196	194
机构人员（人）	4709	7603	10579	14243	21167	18238

资料来源：根据《中国高技术产业统计年鉴》（2011—2012）相关数据整理计算得出。

2005—2011 年，江苏各项科技指标同样是部分指标个别年有不同程度的增减变化，绝大多数指标均表现为不同程度的增加趋势。图 4 – 6 中的数据显示，江苏实际利用外资额与各项科技指标变化基本相同。

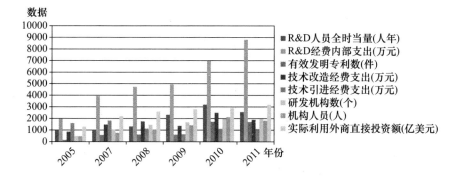

图 4 – 6　江苏跨国公司技术各指标与实际利用外商直接投资额的变动趋势

注：为更直观地反映对比结果，各年 R&D 人员全时当量、R&D 经费内部支出、技术改造经费支出、技术引进经费支出、研发机构数、机构人员、实际利用外商直接投资额相应数值统一进行了 10 倍、100 倍或 1000 倍扩大或缩小。

资料来源：《中国高技术产业统计年鉴》（2011—2012）、《江苏省统计年鉴》（历年）。

2005—2011 年，浙江省各项科技指标中技术改造经费支出、研发机构数表现为持续稳定的增长趋势，其余指标均呈现不同程度的波动。其中，技术改造经费支出在 2011 年为 27014 万元。研发机构数也由 2005 年的 34 个增加至 2010 年的 73 个，2011 年降至 56 个。与此同时，R&D 人员全时当量在 2009 年出现下降，降至 2822 人年，但在 2010 年又回升至 3875 人年，2011 年继续上升至 4065 人年。R&D 经费内部支出在 2008 年出现较大幅度的降低，由 2007 年的 90322 万元降至 44091 万元，降幅达 51.2%。虽在之后几年出现缓慢回升趋势，在 2011 年达到了 87030 万元，但并未恢复至 2007 年的水平。有效发明专利数在 2008 年仅为 95 件，比 2007 年下降了39.9%，但在 2010 年又增加至 199 件，2011 年进一步增长至 320 件。技术引进经费支出在 2007—2011 年，很明显表现为持续下降趋势。2007 年为 6211 万元，2010 年仅为 1802 万元，2011 年继续下降至 627 万元。机构人员在 2009 年出现小幅下降后，在 2010 年增至 6390 人，但在 2011 年又略有下降，降至 6036 人。说明浙江已经开始由之前的技术引进在逐渐向自主研发方面发展，研发机构投资的不断加大，技术引进经费支出的持续减少，其他各项指标的波动上升可以说明这一点。

表 4-4　　　　　　　浙江省外资企业各项科技指标汇总

年份 指标	2005	2007	2008	2009	2010	2011
R&D 人员全时当量（人年）	2902	2952	3026	2822	3875	4065
R&D 经费内部支出（万元）	120955	90322	44091	48390	58442	87030
有效发明专利数（件）	12	158	95	106	199	320
技术改造经费支出（万元）	18092	18622	22070	22413	33100	27014
技术引进经费支出（万元）	3022	6211	2000	2957	1802	627
研发机构数（个）	34	40	49	51	73	56
机构人员（人）	2073	3526	4504	4086	6390	6036

资料来源：根据《中国高技术产业统计年鉴（2011—2012）》相关数据整理计算得出。

　　2005—2011 年，浙江各项科技指标同样是部分指标个别年有不同程度的增减变化，绝大多数指标均表现为不同程度的增加趋势。图 4-7 中的数据显示，浙江实际利用外资额与各项科技指标变化也基本相同。

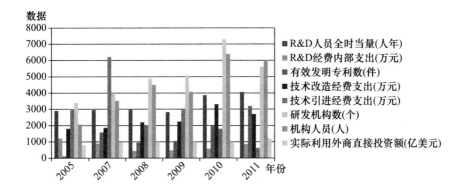

图 4-7　浙江跨国公司技术各指标与实际利用外商直接投资额的变动趋势

　　注：为更直观地反映对比结果，各年 R&D 经费内部支出、有效发明专利数、技术改造经费支出、研发机构数、实际利用外商直接投资额相应数值统一进行了 10 倍、100 倍或 1000 倍扩大或缩小。

　　资料来源：《中国高技术产业统计年鉴（2011—2012）》历年《浙江省统计年鉴》。

　　2. 长三角地区跨国公司技术结构现状分析

　　长三角地区跨国公司技术水平除了在数量上的变化外，在结构上还表现出明显的特征。其中，上海跨国公司技术具有以下结构特征：第一，获取技术来源结构发生变化，开始由技术引进逐渐向自主研发方向转变。2005 年外资企业研发机构数 35 个，2011 年上升到了 53 个；与此同时，机构人员也由 2005 年的 6836 人上升到 2011 年的 11377 人；R&D 经费内部支出由 2005 年的 255992 万元上升至 2011 年的 298485 万元。技术引进支出在 2008 年出现明显减少后开始缓慢降低。这正说明了上海获取技术来源结构开始转变，即由国外引进技术转向内部研发。第二，技术改造经费支出波动上升，模仿创新能力逐渐提高。技术改造经费支出虽在2009年出现下降，但在2010年迅速回升至40668万元，2011年进一步增加至44277万元。第三，上海自主研发能力不足。体现自主研发的指标有效发明专利数虽在2009年出现大幅上升，但在2010年和2011年均出现下降趋势，说明上海近些年虽然投入的研发资金与研发人员较多，但自主研发体系有待继续完善，上海持续的自主研发能力不足。

江苏跨国公司技术具有以下结构特征：第一，江苏技术模仿创新能力持续提高。江苏在技术模仿创新方面投入巨大，技术改造经费在2011年达到189941万元，技术模仿能力逐渐提高。第二，江苏技术自主研发能力不断增强。R&D经费内部支出2011年增至880778万元，研发机构数达到了194个，机构人员数为18238人，有效发明专利数达到了1702件。说明江苏在依靠技术引进的同时，对技术自主创新同样给予了充分重视，更有利于核心技术在江苏的积累。第三，江苏对国际技术依存度在逐渐减弱，且波动较大。2009年，江苏技术引进经费支出降至64655万元，但同年有效发明专利数也跌至615件。2010年和2011年江苏省技术引进经费支出上升至111576万元和110422万元，同时有效发明专利数分别升至1721件和1702件，说明江苏技术进步目前还不能完全脱离对外来技术的依赖，需要同时发展技术引进与自主创新，并协调好两者之间的关系。

浙江跨国公司技术具有以下结构特征：第一，浙江省技术获取来源在逐渐改变，国际技术依存度逐渐降低。2005年，浙江技术引进经费支出为3022万元，2011年降为627万元，表明近些年浙江在逐渐减少对国际技术的依赖。第二，浙江技术模仿创新能力在不断提高，成为技术进步的有力支撑。2005—2011年，浙江技术改造经费支出持续上升，由18092万元升至27014万元，有效发明专利数也上升至2011年的320件，反映出浙江企业对技术的模仿创新投入了大量资金，也从侧面反映出浙江企业较强的学习能力。第三，浙江技术自主创新能力减弱。浙江 R&D 经费内部支出由 2005 年的 120955 万元下降至 2011 年的 87030 万元，虽说研发机构数与机构人员在增多，但总体来看浙江技术自主研发动力不足。浙江大多为中小型企业，从事产品的代工生产，自主研发必然会推升成本，因此，大多数企业自主研发意识差，造成企业研发能力有限。

二　长三角地区产业集聚现状分析

改革开放以来，我国长三角地区通过大胆积极的探索，开辟了一条经济发展的有效途径。随着招商引资政策的出台，越来越多的跨国公司选择在长三角地区落户扎根，率先形成了多个产业集聚区，成为长三角地区经济发展的重要支柱。目前，长三角已形成了机械、钢铁、石油、化工、纺织、电子、服装等多种产业集聚区。上海、江苏、浙江根据自身当前实际，各自形成了独具特色的产业集聚区。

上海是长三角地区的核心城市之一，在经济总量与发展速度领先的基础上始终保持着高速增长，产业集聚是其强大经济实力的缔造者之一。上海南部的金山石化区，集聚了英国石油公司、拜耳、巴斯夫三大国际化工巨头。西北部是庞大的集产、学、研、竞技、展示等于一体的汽车工业综合集聚区。此外上海还形成了电力与航天等大型成套设备产业集聚区、高科技生物制药产业集聚区，以及船舶港口设备产业集聚区。

江苏省产业集聚的出现从时间上来看相对要晚，但江苏的产业集聚依托跨国公司的进入与政府政策的大力支持，发展速度突飞猛进。尤其是苏州市，主动接受上海的经济发展辐射，制订了同上海形成互补配套发展的相关产业计划与促进高科技产业发展的总体战略。建立起苏州工业园开发区、苏州新区、昆山经济开发区与吴江经济开发区四大产业集聚区，吸引跨国公司投资苏州。江苏省以开发区建设为主，大力发展特色园区，形成的产业集聚区聚集了大量企业，从整体来看，江苏省形成的是一种自上而下的外生式产业集聚。浙江省的产业集聚主要是依靠本土企业发展起来的特色产品产业集聚，其遵循的模式是基于专业化分工和比较优势，包含了更多的传统产业优势与人文资源优势。产业集聚中的企业大多由以家庭为主的中小型民营企业发展而来，其特点是以传统的消费品为主，劳动力数量大、产品科技含量低。总体来看，浙江产业集聚水平相比江、沪要低，但其发展速度较快。随着跨国公司在浙江投资的不断增多，浙江产业集聚规模不断扩大，技术水平不断提高，已然成为吸引外资最具潜力的地区。

要对产业集聚研究，需要对研究的产业进行确定。从三次产业生产总值占比角度来看，2003—2011年，上海市第二产业在全市GDP中几乎占据了半壁江山，2005年之前，第二产业在生产总值占比上一直保持在50%以上，但自2005年开始，随着上海产业发展政策的调整，第三产业出现抬头之势，一举超过第二产业占比（49%），达到50%，之后表现为较为稳定的上升趋势。可以说，在2003—2011年，上海第二产业和第三产业齐头并进，带动整个上海经济的平稳快速发展（见图4-8）。

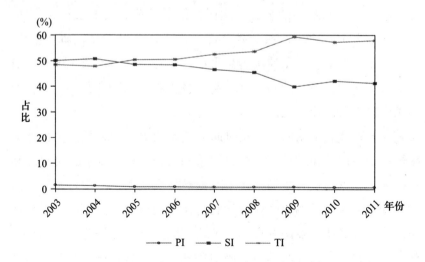

图4-8 上海市三次产业生产总值占比

注：图中 PI 表示第一产业占比，SI 表示第二产业占比，TI 表示第三产业占比。

资料来源：历年《中国统计年鉴》。

2003—2011 年，江苏省第二产业在全市 GDP 中占比最大，第二产业作为主导产业一直带动江苏省经济的平稳快速发展（见图 4 - 9）。

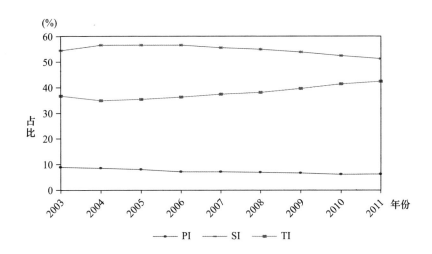

图 4 - 9　江苏省三次产业生产总值占比

注：图中 PI 表示第一产业占比，SI 表示第二产业占比，TI 表示第三产业占比。

资料来源：历年《中国统计年鉴》。

同样，在 2003—2011 年，浙江省第二产业在全市 GDP 中占比超过 50%，第二产业作为主导产业带动浙江省经济的平稳快速发展（见图 4 - 10）。

基于以上分析，表明长三角地区第二产业占据了重要的地位，长三角地区经济增长的领先水平主要是工业，江苏、浙江两省绝大多数年份的工业增加值都远超全国平均增长速度。根据《国家统计年鉴》的划分，第二产业包括工业和建筑业，工业按照门类分为采矿业、制造业和电力燃气及水的生产和供应业。在第二产业中制造业的对外开放度最大，制造业是第二产业中跨国公司投资的主要行业。这一结果也与郭毓峰（2009）与李大鹏（2008）的研究相一致。

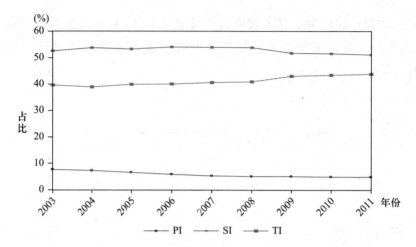

图4-10 浙江省三次产业生产总值占比

注：图中 PI 表示第一产业占比，SI 表示第二产业占比，TI 表示第三产业占比。

资料来源：历年《中国统计年鉴》。

鉴于分析内容、范围与数据可得性，采用区位熵指数对长三角地区制造业的产业集聚度进行测度（具体方法介绍详见第三章）。本节利用长三角地区三省（市）2003—2011年的制造业工业总产值计算区位熵，得到长三角地区制造业产业集聚的趋势如图4-11所示。

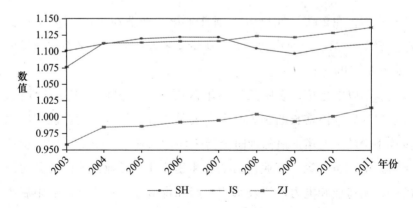

图4-11 长三角地区制造业产业集聚区位熵折线

注：图中 SH 为上海市，JS 为江苏省，ZJ 为浙江省。

资料来源：根据《中国工业经济统计年鉴（2004—2012）》相关数据计算得出。

　　总体来看，2003—2011 年长三角地区的上海市和江苏省，制造业产业集聚水平均大于 1，说明上海市和江苏省的制造业存在显著的集聚优势。而浙江省的产业集聚水平接近于 1，在部分年份略高于 1。说明浙江省的制造业不存在显著的集聚优势。从图 4 - 11 上可以清楚地看到，长三角地区的上海市、江苏省和浙江省的制造业产业集聚水平均呈现出平缓上升的趋势，起初上海市制造业产业集聚水平最高，自 2007 年后，江苏省开始赶超上海，并在 2008 年年底超越上海，成为长三角地区制造业产业集聚水平最高的省（市），至 2011 年一直持续领先。在长三角地区中，浙江省的产业集聚水平最低，但也存在显著的上升趋势，这一方面说明，浙江省已经意识到了发展产业集聚的重要性，并采取相关措施推动产业集聚的进一步发展；另一方面，也间接说明了跨国公司对地区产业集聚的重要性（浙江省的产业集聚大多是依靠本土企业形成的）。

　　为了更直观地看出长三角制造业集聚产业间的差异程度，本研究选取制造业中 21 个行业，利用区位熵方法，分别对长三角地区三省（市）的制造业产业集聚程度进行测算，主要结果见表 4 - 5。在制造业 21 个行业中医药制造业、通信设备制造业和仪器仪表制造业为高科技产业。

表 4 - 5　　2003—2011 年上海市 21 个产业地区集中度指数

年份 行业	2003	2004	2005	2006	2007	2008	2009	2010	2011	平均区位熵
纺织业	0.4977	0.4864	0.4469	0.3995	0.3544	0.3274	0.3044	0.3371	0.3106	0.3849
非金属矿物制品业	0.5472	0.6652	0.6185	0.5700	0.4902	0.4603	0.4355	0.3726	0.3493	0.5010
黑色金属冶炼业	1.0972	0.9185	0.9958	0.9701	0.8695	0.7402	0.6881	0.7711	0.7364	0.8652
化学纤维制造业	0.5557	0.5620	0.2997	0.2583	0.4812	0.2291	0.2197	0.1942	0.1658	0.3295
化学原料及化学制品制造业	0.8523	0.8669	1.0219	1.1113	1.1025	1.1078	1.0432	1.1058	1.0814	1.0326

续表

年份 行业	2003	2004	2005	2006	2007	2008	2009	2010	2011	平均区位熵
交通运输设备制造业	1.9424	1.5733	1.4146	1.5845	1.5816	1.5556	1.7705	1.8723	2.0672	1.7069
金属制品业	1.2872	1.5781	1.4394	1.3398	1.3225	1.3085	1.0643	1.0438	1.0224	1.2673
农副食品加工业	0.2535	0.2820	0.2260	0.2004	0.2169	0.2463	0.1979	0.1741	0.1752	0.2191
石油加工、炼焦制造业	1.1509	1.0839	1.1000	1.0341	0.9929	1.0743	1.0359	1.0790	1.1627	1.0793
食品制造业	1.0196	0.9442	0.9215	0.8596	0.8652	0.8714	0.9117	0.9039	0.9117	0.9121
通信设备制造业	1.6798	1.8429	2.0302	2.0197	2.3139	2.4233	2.4745	2.5434	2.4821	2.2011
通用设备制造业	1.6660	1.7413	1.8498	1.8996	1.8685	1.8136	1.8074	1.5815	1.6485	1.7640
烟草制品业	1.0003	1.0969	1.1201	1.2186	1.3609	1.4838	1.7788	2.1389	2.5856	1.5315
医药制造业	0.8335	0.8723	0.8150	0.8032	0.7789	0.7128	0.8522	0.8116	0.7818	0.8068
仪器仪表制造业	1.4733	1.6503	1.6060	1.4454	1.3235	1.4253	1.2607	1.2854	1.2311	1.4112
饮料制造业	0.4962	0.5828	0.5444	0.5085	0.4814	0.5658	0.4966	0.4293	0.4428	0.5053
有色金属冶炼业	0.5207	0.5580	0.5147	0.5481	0.4345	0.3995	0.3555	0.3665	0.3605	0.4509
造纸及纸制品业	0.4935	0.5107	0.5241	0.5342	0.5399	0.5472	0.5391	0.5828	0.6024	0.5415
专用设备制造业	0.9131	1.0854	1.0360	0.9807	1.0321	1.1875	1.1603	1.1589	1.2481	1.0891
电气机械制造业	1.0451	1.1784	1.1497	1.1971	1.1923	1.1555	1.0836	1.0502	1.0952	1.1275
纺织服装、鞋、帽制造业	1.2007	1.1695	1.1384	1.1228	1.0401	1.0097	1.0179	0.8718	0.8464	1.0271
行业区位熵平均值	0.9774	1.0119	0.9911	0.9812	0.9830	0.9831	0.9761	0.9845	1.0146	0.9892

资料来源：根据《中国工业经济统计年鉴（2004—2012）》相关数据计算得出。

从表4-5的数据可以得到以下几点结论：

第一，2003—2011年这9年间，上海市行业平均区位熵均为接近1或者略大于1。说明从平均水平来看，上海市制造业行业具有集聚的特点。

第二，上海市不同产业的集聚水平呈现出较大的差异，在21个制造业行业中，平均区位熵大于1的行业有11个，分别是纺织服装、鞋、帽制造业，化学原料及化学制品制造业，交通运输设备制造业，金属制品业，石油加工、炼焦制造业，通信设备制造业，通用设备制造业，烟草制品业，仪器仪表制造业，专用设备制造业以及电气机械制造业，说明这些行业相较于全国而言，具有一定的集中竞争优势。平均区位熵大于2的行业有1个，为通信设备制造业，说明这个行业具有较高的产业集聚优势。

从图4-12可以清楚地看到，上海市不同的制造业产业呈现出不同的变化趋势，总体上看，上海市制造业大部分行业的集聚程度呈现下降趋势。区位熵上升的产业有6个，分别是化学原料及化学制品制造业、交通运输设备制造业、通信设备制造业、烟草制品业、造纸及纸制品业、专用设备制造业，在这里能够体现出跨国公司在这些行业投入的成果。在21个制造业行业中，产业集聚程度下降最大的是化学纤维制造业，排在第2位至第5位的是黑色金属冶炼业，纺织服装、鞋、帽制造业，金属制品业，仪器仪表制造业。从以上分析可以清楚地看到，部分传统制造业如纺织服装、鞋、帽制造业已经开始逐步撤出上海，上海市高科技制造业产业中的通信设备制造业在上海的集聚程度随时间推移不断增加，而仪器仪表制造业的行业集聚水平呈现出递减的趋势，医药制造业的产业集聚水平低于全国，并呈现波动趋势。

从表4-6的数据可以得到以下几点结论：

第一，2003—2011年这9年间，江苏省每年制造业行业平均区位熵均接近或超过1，从平均水平上看，江苏省制造业行业集聚具有一定的集聚优势。

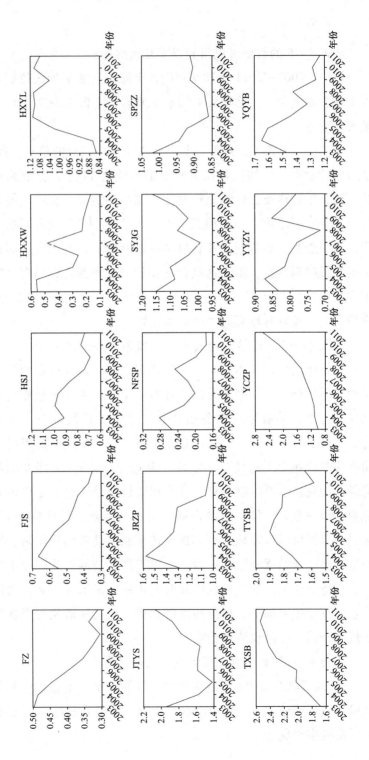

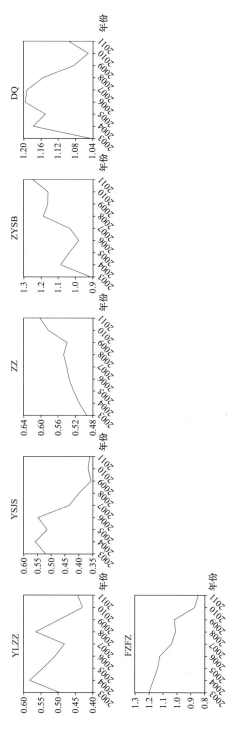

图 4 - 12　上海市制造业行业区位熵折线

注：图中行业顺序按照表 4 - 5 的顺序从左到右依次排列。

资料来源：根据《中国工业经济统计年鉴（2004—2012）》相关数据计算得出。

表 4 – 6 **2003—2011 年江苏制造业 21 个产业地区集中度指数**

年份 行业	2003	2004	2005	2006	2007	2008	2009	2010	2011	平均区位熵
纺织业	1.8679	1.8809	1.8380	1.8298	1.7500	1.7073	1.5997	1.5872	1.4611	1.7246
非金属矿物制品业	0.7170	0.7496	0.6952	0.6632	0.6432	0.6433	0.6032	0.6180	0.6161	0.6610
黑色金属冶炼业	0.9744	1.0484	1.0878	1.1457	1.1595	1.0743	1.1032	1.0421	1.0222	1.0731
化学纤维制造业	2.4077	2.0177	2.3207	2.3836	2.3847	2.3700	2.5333	2.5777	2.6647	2.4067
化学原料及化学制品制造业	1.4174	1.4250	1.4801	1.4755	1.4674	1.4508	1.4391	1.4523	1.5131	1.4578
交通运输设备制造业	0.6872	0.6581	0.6876	0.6612	0.6870	0.8107	0.8739	0.8830	0.9469	0.7662
金融制品业	1.5553	1.3309	1.3488	1.3666	1.3285	1.3553	1.3220	1.3357	1.2857	1.3588
农副食品加工业	0.6310	0.5567	0.5120	0.5015	0.5030	0.4806	0.4961	0.4896	0.4557	0.5140
石油加工、炼焦制造业	0.4241	0.3635	0.3967	0.3896	0.3839	0.3497	0.3603	0.3884	0.4011	0.3841
食品制造业	0.5238	0.4599	0.3940	0.3525	0.3105	0.2935	0.2695	0.2753	0.2707	0.3500
通信设备制造业	1.2926	1.4803	1.5045	1.4770	1.5880	1.6924	1.7577	1.7853	1.8266	1.6005
通用设备制造业	1.6306	1.4772	1.4030	1.3828	1.3679	1.3820	1.3026	1.3355	1.2417	1.3915
烟草制品业	0.4265	0.4855	0.4613	0.5088	0.4877	0.4584	0.4505	0.4502	0.4650	0.4660
医药制造业	0.8381	0.8671	0.8420	0.7990	0.7676	0.8295	0.8776	0.9174	0.9498	0.8542

续表

年份 行业	2003	2004	2005	2006	2007	2008	2009	2010	2011	平均区位熵
仪器仪表制造业	1.0265	1.1546	1.2673	1.3911	1.4404	1.7192	1.9096	2.0434	2.5216	1.6082
饮料制造业	0.6047	0.5827	0.5831	0.5532	0.5159	0.4887	0.4951	0.5032	0.5031	0.5366
有色金属冶炼业	0.8334	0.8474	0.8096	0.8321	0.8074	0.7827	0.8251	0.7840	0.6521	0.7971
造纸及纸制品业	0.9572	0.8882	0.8766	0.8712	0.9092	0.9164	0.8687	0.8134	0.7793	0.8756
专用设备制造业	1.0960	1.0988	1.0888	1.0799	1.0229	1.0821	1.0794	1.1691	1.1786	1.0995
电气机械制造业	1.1120	1.1843	1.1583	1.2405	1.2729	1.4181	1.4499	1.5320	1.7766	1.3494
纺织服装、鞋、帽制造业	1.5395	1.7108	1.6252	1.7613	1.7108	1.7129	1.6513	1.6141	1.6237	1.6611
行业区位熵平均值	1.0744	1.0604	1.0657	1.0793	1.0718	1.0961	1.1080	1.1237	1.1503	1.0922

资料来源：根据《中国工业经济统计年鉴（2004—2012）》相关数据计算得出。

第二，江苏省不同行业的集聚水平呈现出较大的差异，21 个制造业行业中，平均区位熵大于 1 的行业有 11 个，分别是纺织服装、鞋、帽制造业，纺织业，化学纤维制造业，化学原料及化学制品制造业，金属制品业，通信设备制造业，通用设备制造业，医药制造业，仪器仪表制造业，专用设备制造业以及电气机械制造业，说明这些行业相较于全国而言，具有一定的集中竞争优势。平均区位熵大于 2 的行业有 1 个，为化学纤维制造业，说明这个行业具有较高的行业集聚优势。

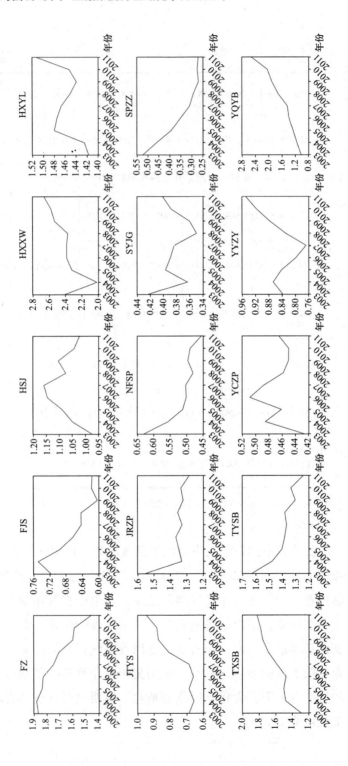

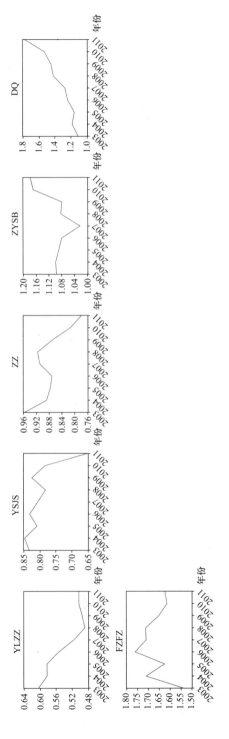

图 4 - 13　江苏省制造业行业区位熵折线

注：图中行业顺序按照表 4 - 6 的顺序从左到右依次排列。

资料来源：根据《中国工业经济统计年鉴（2004—2012）》相关数据计算得出。

　　从图 4 – 13 可以清楚地看到，江苏省不同的制造业行业呈现出不同的变化趋势，总体上看，区位熵上升的行业有 9 个，分别是化学纤维制造业，化学原料及化学制品制造业，交通运输设备制造业，石油加工业，炼焦制造业，通信设备制造业，医药制造业，仪器仪表制造业，专用设备制造业以及电气机械制造业，证明这些行业正在逐渐向江苏集中。其中区位熵增长最大的前三位是：仪器仪表制造业、化学纤维制造业、电气机械制造业。在 21 个制造业行业中，行业集聚程度下降最大的是通用设备制造业，排在第 2 位至第 5 位的是纺织业、食品制造业、金属制品业、造纸及纸制品业。从以上分析可以清楚地看到，部分传统制造业如纺织业、食品制造业等已经开始逐步撤出江苏，江苏省高科技制造业行业中的通信设备制造业、仪器仪表制造业的行业集聚水平呈现递增的趋势，医药制造业的行业集聚水平低于全国，并呈现波动性增加趋势。

表 4 – 7　　2003—2011 年浙江制造业 21 个产业地区集中度指数

年份 行业	2003	2004	2005	2006	2007	2008	2009	2010	2011	平均区位熵
纺织业	2.4236	2.5693	2.5255	2.4649	2.5122	2.6037	2.7290	2.6580	2.6487	2.5705
非金属矿物制品业	0.7766	0.8044	0.7510	0.6996	0.6578	0.6668	0.6331	0.6192	0.6648	0.6970
黑色金属冶炼业	0.2872	0.3371	0.3164	0.3444	0.3860	0.4568	0.4666	0.4998	0.5298	0.4027
化学纤维制造业	3.2916	4.0318	4.0261	4.2077	4.1792	4.8405	4.9716	5.0987	5.7992	4.4940
化学原料及化学制品制造业	0.8064	0.8635	0.8264	0.8343	0.8986	0.9680	0.9789	0.9959	1.1188	0.9212
交通运输设备制造业	0.7252	0.7231	0.8580	0.8848	0.8875	0.9767	0.9225	0.8848	0.9152	0.8642

续表

年份 行业	2003	2004	2005	2006	2007	2008	2009	2010	2011	平均区位熵
金属制品业	1.4608	1.3763	1.3940	1.4004	1.4254	1.4621	1.4398	1.3305	1.3395	1.4032
农副食品加工业	0.4678	0.4594	0.4150	0.3807	0.3480	0.3312	0.3125	0.3018	0.2878	0.3671
石油加工、炼焦制造业	0.5568	0.6072	0.6363	0.6016	0.5573	0.6065	0.6001	0.6293	0.7163	0.6124
食品制造业	0.5470	0.5224	0.4790	0.4445	0.4518	0.4811	0.5010	0.4708	0.4730	0.4856
通信设备制造业	0.4390	0.4399	0.4213	0.5203	0.5196	0.4828	0.4487	0.4859	0.5118	0.4744
通用设备制造业	1.6527	1.7224	1.6712	1.5831	1.5763	1.4972	1.3848	1.4617	1.4308	1.5534
烟草制品业	0.5953	0.6400	0.5693	0.5802	0.5943	0.5982	0.6398	0.6534	0.7139	0.6205
医药制造业	1.0638	0.9969	1.0839	1.0511	1.0172	0.9713	0.9416	0.8911	0.8520	0.9854
仪器仪表制造业	1.2015	1.0188	1.1854	1.2436	1.2968	1.2796	1.4637	1.5567	1.4263	1.2969
饮料制造业	0.9919	0.7778	0.7004	0.6757	0.7193	0.7510	0.7212	0.6388	0.5728	0.7277
有色金属冶炼业	0.9483	1.0073	1.0299	1.0200	0.8741	0.8300	0.8056	0.8874	0.8599	0.9181
造纸及纸制品业	1.2888	1.2890	1.2624	1.2758	1.2766	1.3657	1.3642	1.3674	1.3836	1.3193
专用设备制造业	1.0583	0.8811	0.9031	0.9081	0.9279	0.8062	0.7914	0.8394	0.7578	0.8748
电气机械制造业	1.5518	1.4361	1.4060	1.3960	1.4378	1.4982	1.4754	1.4733	1.4842	1.4621

续表

年份\行业	2003	2004	2005	2006	2007	2008	2009	2010	2011	平均区位熵
纺织服装、鞋、帽制造业	2.2802	1.9039	2.0921	1.9523	1.9463	1.9041	1.7817	1.8221	1.6315	1.9238
行业区位熵平均值	1.1626	1.1623	1.1692	1.1652	1.1662	1.2085	1.2082	1.2174	1.2437	1.1893

资料来源：根据《中国工业经济统计年鉴》（2004—2012）相关数据计算得出。

从表 4-7 的数据可以得到以下几点结论：

第一，2003—2011 年这 9 年间，浙江省每年制造业行业平均区位熵均接近 1。说明浙江省制造业行业集聚平均水平具有一定的集聚优势。

第二，浙江省不同行业的集聚水平呈现出较大的差异，在 21 个制造业行业中，平均区位熵大于 1 的行业有 8 个，分别是纺织服装、鞋、帽制造业，纺织业，化学纤维制造业，金属制品业，通用设备制造业，仪器仪表制造业，造纸及纸制品业，电气机械制造业，说明这些行业相较于全国而言，具有一定的集中竞争优势。平均区位熵大于 2 的行业有 2 个，为纺织业、化学纤维制造业，说明这两个行业具有较高的行业集聚优势。

从图 4-14 可知，浙江省不同的制造业行业呈现出不同的变化趋势，总体上看，区位熵上升的行业有 11 个，分别是纺织业，黑色金属冶炼业，化学纤维制造业，化学原料及化学制品制造业，交通运输设备制造业，石油加工、炼焦制造业，通信设备制造业，烟草制品业，仪器仪表制造业，造纸及纸制品业，电气机械制造业。其中区位熵增长最大的前三位是：化学纤维制造业、仪器仪表制造业、黑色金属冶炼业。在 21 个制造业行业中，行业集聚程度下降最大的是纺织服装、鞋、帽制造业，排在第 2 位至第 5 位的是饮料制造业、专用设备制造业、通用设备制造业、医药制造业。根据以上

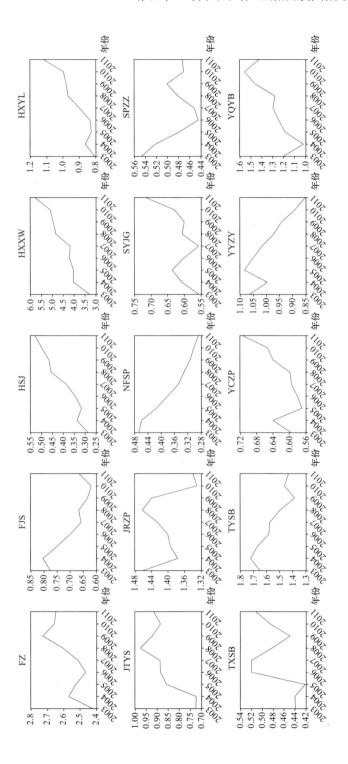

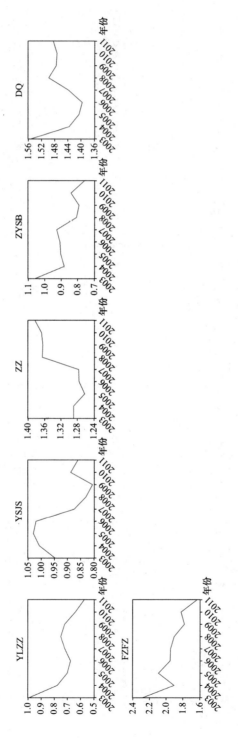

图 4 - 14　浙江省制造业行业区位熵折线

注：图中行业顺序按照表 4 - 7 的顺序从左到右依次排列。

资料来源：根据《中国工业经济统计年鉴（2004—2012）》相关数据计算得出。

分析，部分传统制造业如纺织服装、鞋、帽制造业，饮料制造业等已经开始逐步撤出浙江省，浙江省高科技制造业产业中的通信设备制造业、仪器仪表制造业的产业集聚水平呈现递增的趋势，医药制造业的产业集聚水平虽低于全国，但接近全国平均水平，并呈现波动性变化趋势。

第三节　跨国公司投资对产业集聚的影响分析

跨国公司投资在长三角区域的集中，对于该区域的产业集聚具有重要的影响。本节利用灰色关联分析方法，对跨国公司投资对长三角地区制造业产业集聚的影响进行分析。

一　计量方法

灰色关联分析方法更加适合小样本数据，它能够得出变量间的影响程度，并可将多个变量对某个变量的影响程度进行排序，而回归方法虽然可以计算得出变量 X 对变量 Y 的实际影响程度，但一般适用于大样本，且在多因素的条件下，对样本量的要求更高。考虑到本章研究中数据样本量相对较小，且需要对多个影响因素对某变量的影响程度进行排序，因而选择灰色系统建模技术为主要研究工具，研究跨国公司对产业集聚的影响。灰色系统理论于 1982 年由中国学者邓聚龙教授创立，是一种研究少数据、贫信息不确定性问题的新方法，灰色关联分析是灰色系统理论的主要内容之一，用以分析系统中主要因素与影响因素的关系，其基本思想是根据序列曲线几何形状的相似程度来判断其联系是否紧密。构建灰色关联分析模型核心是选择灰色综合关联数学模型。所谓灰色综合关联度，包含灰色绝对关联度和灰色相对关联度。灰色绝对关联度表示的是结果序列曲线与因数序列曲线在几何形状上的关系，而与两曲线的空间相对位置无关。几何程度上越相似，绝对关联系数越大。而灰色相对关联度表示的是两曲线分别相对于其始点的变化速率的相近程度，而与曲线上各点的数值大小无关。

（一）灰色绝对关联度

假设结果序列 X_0 和因数序列 X_i 长度相同，建立序列始点零化像，即：

$$X_0^0 = [X_0^0(1), X_0^0(2), X_0^0(3), \cdots, X_0^0(n)];$$

$$X_i^0 = [X_i^0(1), X_i^0(2), X_i^0(3), \cdots, X_i^0(n)]$$

则结果序列 X_0 和因数序列 X_i 灰色绝对关联度的表达式是：

$$\varepsilon_{0i} = \frac{1 + |s_0| + |s_i|}{1 + |s_0| + |s_i| + |s_i - s_0|}$$

其中：

$$|s_0| = \left| \sum_{k=2}^{n-1} x_0^0(k) + 0.5 x_0^0(n) \right|, |s_i| = \left| \sum_{k=2}^{n-1} x_i^0(k) + 0.5 x_i^0(n) \right|,$$

$$|s_i - s_0| = \left| \sum_{k=2}^{n-1} [x_i^0(k) - x_0^0(k)] + 0.5[x_i^0(n) - x_0^0(n)] \right|$$

这种形式的表达式是用结果序列曲线与因数序列曲线在二维几何空间中围成的"有向面积"（指两个曲线的折线与 $i=1$，$i=n$ 以及横轴所围成的各部分面积代数之和）大小来度量的。即同样的有向面积，就会有同样的绝对关联度。

（二）灰色相对关联度

假设结果序列 X_0 和因数序列 X_i 长度相同，建立序列始点零化像，即：

$$X_0^0 = [X_0^0(1), X_0^0(2), X_0^0(3), \cdots, X_0^0(n)];$$

$$X_i^0 = [X_i^0(1), X_i^0(2), X_i^0(3), \cdots, X_i^0(n)]$$

则结果序列 X_0 和因数序列 X_i 灰色相对关联度的表达式是：

$$\gamma_{0i} = \frac{1 + |s_0'| + |s_i'|}{1 + |s_0'| + |s_i'| + |s_i' - s_0'|}$$

其中：

$$|s_0'| = \left| \sum_{k=2}^{n-1} x_0'^0(k) + 0.5 x_0'^0(n) \right|,$$

$$|s_i'| = \left| \sum_{k=2}^{n-1} x_i'^0(k) + 0.5 x_i'^0(n) \right|,$$

$$|s_i' - s_0'| = \left| \sum_{k=2}^{n-1} \left[x_i'^0(k) - x_0'^0(k) \right] + 0.5 \left[x_i'^0(n) - x_0'^0(n) \right] \right|$$

灰色相对关联度主要反映各序列相对于始点的变化速率的接近程度，是较为准确地表征数据间差异明显的各数据序列之间联系是否紧密的一个数量指标。它体现了各序列曲线在几何意义上的相似程度。

（三）灰色综合关联度

考虑到灰色绝对关联度是从绝对量的关系入手，而灰色相对关联度是从各时刻观测数据相对始点的变化率着眼考虑，灰色相对关联度和灰色绝对关联度得到的分析结果往往不一致。为了得到更接近现实问题的结论，灰色综合关联度分析方法便应运而生。灰色综合关联度就是通过对绝对关联度和相对关联度的加权，反映了两个序列曲线的几何程度上的相似和相对于初始点变化速率的近似程度。

$$\rho_{0i} = \theta \varepsilon_{0i} + (1 - \theta) \gamma_{0i} \quad \theta \in [0, 1]$$

其中，ε_{0i} 为灰色绝对关联度，γ_{0i} 为灰色相对关联度。

灰色综合关联度的算法如下：

第一步：计算灰色绝对关联度。将原始序列转化为时距序列；通过初值化算子进行初值化后，得到原序列的初值像；进行始点零化，得出初值像的始点零化像；计算 $|S_0|$，$|S_i|$，$|S_i - S_0|$；计算灰色绝对关联度 ε_{0i}。

第二步：计算灰色相对关联度。将原始序列转化为时距序列；通过初值化算子进行初值化后，得到原序列的初值像；进行始点零化，得出初值像的始点零化像；计算 $|S_0'|$，$|S_i'|$，$|S_i' - S_0'|$；计算灰色绝对关联度。

第三步：计算灰色综合关联度。对绝对关联度和相对关联度进行加权，计算得出灰色综合关联度。

二 跨国公司投资对产业集聚影响的实证研究

跨国公司投资与产业聚集的作用机制表明，两者之间存在关联性。本书选取区域实际利用外商直接投资额作为跨国公司投资数据。将跨国公司投资数据取对数，得出2003—2011年上海市跨国公司投资与制造业产业集聚的关系如图4-15所示，二者的变动趋势均波动性向前发展，但上海市制造业产业集聚发展水平比跨国公司投资发展水平滞后两年，下面取间隔两年的跨国公司投资和产业集聚作比较，如图4-16所示，发现两者的走势除在2007—2009年略有差异外，其余年份走势基本吻合。这意味着，跨国公司在上海市当年的投资会在两年后对上海市的产业集聚水平产生较大影响。

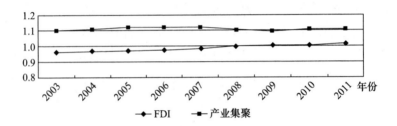

图4-15 上海市跨国公司投资和产业集聚趋势变动比较

资料来源：根据《中国统计年鉴》与《中国工业经济统计年鉴》数据整理计算得出。

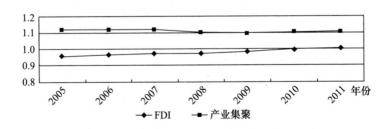

图4-16 上海市跨国公司投资和产业集聚相差两年趋势变动比较

资料来源：根据《中国统计年鉴》与《中国工业经济统计年鉴》数据整理计算得出。

将跨国公司投资取对数，得出2003—2011年江苏省跨国公司与产业集聚的关系。如图 4 - 17 所示，二者均波动性向前发展，但江苏省制造业产业集聚发展水平比跨国公司投资发展水平滞后两年，下面取间隔两年的跨国公司投资和产业集聚作比较，如图 4 - 18 所示，发现两者的走势仅在 2005 年有略微差异，但在之后，两者基本呈现上升趋势，具有较高的吻合度。这意味着，跨国公司在江苏省当年的投资会在两年后对江苏省的产业集聚水平产生较大影响。

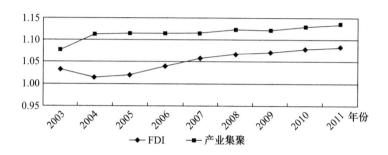

图 4 - 17　江苏省跨国公司投资和产业集聚趋势变动比较

资料来源：根据《中国统计年鉴》与《中国工业经济统计年鉴》数据整理计算得出。

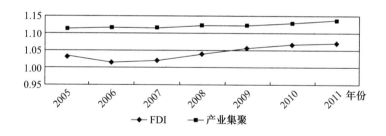

图 4 - 18　江苏省跨国公司投资和产业集聚相差两年趋势变动比较

资料来源：根据《中国统计年鉴》与《中国工业经济统计年鉴》数据整理计算得出。

将跨国公司投资取对数，得出 2003—2011 年浙江省跨国公司与产业集聚的关系如图 4 - 19 所示，二者均呈现波动性向前发展的趋势，但浙江省制造业产业集聚发展水平比跨国公司投资发展水平滞后一年，下面取间隔一年的跨国公司投资和产业集聚作比较，如图

4-20 所示，发现两者的走势基本呈现上升趋势。这表明浙江省跨
国公司投资对产业集聚的影响滞后一年，与我们从理论上的分析
一致。

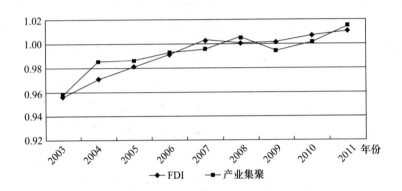

图 4-19　浙江省跨国公司投资和产业集聚趋势变动比较

资料来源：根据《中国统计年鉴》与《中国工业经济统计年鉴》数据整理计算得出。

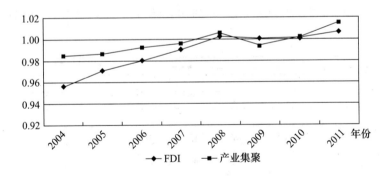

图 4-20　浙江省跨国公司投资和产业集聚相差一年趋势变动比较

资料来源：根据《中国统计年鉴》与《中国工业经济统计年鉴》数据整理计算得出。

　　跨国公司投资与产业集聚之间的灰色关联度反映了两者之间的
关系，如果灰色关联度越接近 1，则表明跨国公司投资水平越高，
产业集聚水平就越强。利用灰色关联方法计算上海市、江苏省和浙
江省跨国公司投资水平与产业集聚水平之间的关联系数。计算结果

如表 4 - 8 所示。

表 4 - 8　　　　　长三角地区跨国公司外商直接投资额与
产业集聚灰色关联系数

关联度＼省市	上海	江苏	浙江
绝对关联度	0.9449	0.9984	0.8936
相对关联度	0.9374	0.9954	0.8888
综合关联度	0.9411	0.9969	0.8912

资料来源：根据《中国高技术产业统计年鉴》以及《中国工业经济统计年鉴》数据整理计算得出。

利用灰色关联方法计算 2003—2011 年长三角地区跨国公司外商直接投资额与产业集聚水平之间的关联系数，计算结果如表 4 - 8 所示。跨国公司在上海的投资与产业集聚的绝对关联度为 0.9449，相对关联度为 0.9374，综合关联度为 0.9411。跨国公司在江苏的投资与产业集聚的绝对关联度为 0.9984，相对关联度为 0.9954，综合关联度为 0.9969。跨国公司在浙江的投资与产业集聚的绝对关联度为 0.8936，相对关联度为 0.8888，综合关联度为 0.8912。总体来看，跨国公司投资与产业集聚之间均保持了较高的关联度，灰色关联系数均保持在 0.88 以上。进一步分析发现可知，跨国公司在长三角地区的投资与产业集聚的综合关联度由高向低依次为江苏、上海和浙江。

研究结果说明长三角地区跨国公司投资对产业集聚水平具有正向影响作用，这一点与张宇和蒋殿春（2008）、邵钰涵（2010）与盖骁敏（2012）得出的结论是一致的。上海市和江苏省的跨国公司投资对产业集聚水平影响滞后两年，主要原因在于，上海市和江苏省跨国公司投资已经具备了一定规模，并形成了一些大型的产业集聚区，因而跨国公司投资对产业集聚形成的影响速度相对较慢。

　　浙江省的跨国公司投资对产业集聚水平影响滞后一年，即跨国公司投资增加，在一年后会影响产业集聚水平的增加。浙江省跨国公司投资水平相对较低，跨国公司投入的增加可以较快地提升产业集聚水平。浙江省的产业集聚主要是依靠本土企业发展起来的特色产品产业集聚，其遵循的模式是基于专业化分工和比较优势，产业集聚水平相比江、沪要低，但其发展速度较快。随着跨国公司投资的不断增多，浙江产业集聚规模逐渐扩大，技术水平不断提高，浙江已然成为吸引外资最具潜力的地区。从这一点可以看出，跨国公司对产业集聚的推动作用符合边际收益递减规律，在跨国公司投资水平相对较低的阶段，产业集聚水平提升速度更为明显。

第四节　跨国公司技术对产业集聚影响的分析

　　随着经济全球化与信息技术的发展，跨国公司技术已经成为增强长三角地区产业集聚的重要渠道，也是发挥长三角竞争力后发优势的主要途径。任胜钢、李燚（2005）指出，跨国公司对高科技产业集聚的促进作用更是举足轻重。主要原因在于："高科技产业集聚需要的资金量大，技术含量高，一般中小企业无法支撑；没有大型知名跨国公司的参与，无法留住集聚区内的人才；中小企业无法培养出高水平的科技、管理人才；跨国公司具有新企业的孵化作用，促进了技术知识型集群的不断创新与技术升级；跨国公司内部的信息网络，使集群成为动态更新的升级系统。"之后，张宇、蒋殿春（2008）在此基础上，利用 DEA 的方法和面板数据模型检验了跨国公司对产业集聚的作用。进一步指出，跨国公司提高了相关产业的技术水平，在高科技产业中最为明显。总之，跨国公司技术水平主要体现在高科技产业的技术水平，跨国公司技术促进了区域高科技产业集聚的形成和发展，高科技产业集聚区又带动了整个区域的产业集聚水平的提升。

一　计量方法与数据来源

跨国公司投资在对产业集聚影响的同时，其技术在长三角区域的集中，对于该区域的产业集聚同样具有重要的影响。考虑到灰色关联分析方法更加合适小样本分析，并且能够实现多个变量对某个变量的影响程度的排序。如跨国公司不同技术指标对产业集聚影响程度的排序。因而本节将采用灰色系统建模技术，研究跨国公司技术对产业集聚的影响。灰色关联分析方法的具体表述见上一节。

本节分别对长三角地区的跨国公司技术水平对高科技产业集聚的影响以及高科技产业集聚对制造业产业集聚水平的影响进行分析，跨国公司技术指标由《中国高技术产业统计年鉴（2011—2012）》中的各地区大中型外资企业技术指标来反映，具体见表4－9。

表4－9　　　　　　　　　　　跨国公司技术指标

	指标选择
跨国公司技术	大中型外资企业 R&D 人员全时当量（人年）
	大中型外资企业科研机构人员数（人）
	大中型外资企业 R&D 经费内部支出（万元）
	大中型外资企业技术改造经费支出（万元）
	大中型外资企业技术引进经费支出（万元）
	大中型外资企业研发机构数（个）
	大中型外资企业有效发明专利数（个）

资料来源：《中国高技术产业统计年鉴（2011—2012）》。

根据《中国高技术产业统计年鉴》，高科技产业包括医疗设备及仪器仪表制造业、医药制造业、电子计算机及办公设备制造业、航空航天器制造业与电子及通信设备。为了和《中国工业经济统计年鉴》中制造业的行业划分一致，本书选取医药制造业、通信设备制造业、仪器仪表制造业作为高科技产业的代表行业，研究长三角地区跨国公司科技水平对高科技产业集聚水平的影响，进而研究高科技产业集聚水平对制造业产业集聚水平的影响。

二 跨国公司技术对产业集聚影响的实证研究

由跨国公司技术水平与通信设备制造业产业集聚的灰色关联度可以看出（见表4－10），上海市跨国公司技术水平对通信设备制造业产业集聚影响普遍显著，大多保持在0.75以上。说明跨国公司技术对上海的通信设备制造业产业集聚确实起到了积极的正向影响作用。其中，有效发明专利数对上海市通信设备制造业产业集聚的影响最为显著，绝对关联度为0.8722，相对关联度为0.9201，综合关联度为0.8961。研发机构数对通信设备制造业产业集聚影响次之，技术引进经费支出的影响排在第三位。技术改造经费支出因子对上海通信设备制造业产业集聚的影响最小，绝对关联度为0.6263，相对关联度为0.684，综合关联度为0.6551。总体来看，上海市跨国公司有效发明专利数、研发机构数和技术引进经费支出对通信设备制造业产业集聚的影响较大。

表4－10　　　　　上海市跨国公司科技水平与通信设备

制造业产业集聚关系

通信设备制造业	绝对关联度	相对关联度	综合关联度	排名
R&D 人员全时当量	0.8436	0.7836	0.8136	5
R&D 经费内部支出	0.7709	0.7273	0.7491	6
有效发明专利数	0.8722	0.9201	0.8961	1
技术改造经费支出	0.6263	0.6840	0.6551	7
技术引进经费支出	0.9061	0.7747	0.8404	3
研发机构数	0.8219	0.9097	0.8658	2
机构人员数	0.8485	0.782	0.8152	4

资料来源：根据《中国高技术产业统计年鉴》以及《中国工业经济统计年鉴》数据整理计算得出。

由跨国公司技术水平与医药制造业产业集聚的灰色关联度可以看出，跨国公司技术对上海医药制造业产业集聚影响普遍显著，大多保持在0.75以上。说明跨国公司技术对上海的医药制造业产业集聚起到了积极的正向影响作用。其中，技术改造经费支出对上海市医药制造业产业集聚的影响最为显著，其绝对关联度为0.98，相对关联度为0.9017，综合关联度为0.9408。R&D经费内部支出因子对医药制造业产业集聚影响次之，R&D人员全时当量的影响排在第三位。但有效发明专利数因子对上海产业集聚影响最小，绝对关联度为0.5979，相对关联度为0.6924，综合关联度为0.6452（见表4-11）。总体来看，上海市跨国公司的技术改造经费支出、R&D经费内部支出和R&D人员全时当量对于医药制造业产业集聚水平的影响最大。

表4-11 上海市跨国公司科技水平与医药制造业产业集聚关系

医药制造业	绝对关联度	相对关联度	综合关联度	排名
R&D人员全时当量	0.6914	0.9037	0.7976	3
R&D经费内部支出	0.7429	0.9964	0.8696	2
有效发明专利数	0.5979	0.6924	0.6452	7
技术改造经费支出	0.9800	0.9017	0.9408	1
技术引进经费支出	0.6620	0.9168	0.7894	5
研发机构数	0.7043	0.7759	0.7419	6
机构人员数	0.6888	0.9060	0.7974	4

资料来源：根据《中国高技术产业统计年鉴》以及《中国工业经济统计年鉴》数据整理计算得出。

根据跨国公司技术水平与仪器仪表制造业产业集聚的灰色关联度可以看出，跨国公司技术对上海仪器仪表制造业产业集聚影响普遍显著，均保持在0.66以上。说明跨国公司技术对上海的仪器仪表制造业产业集聚确实起到了较大的正向影响作用。其中，研发机构数对上海产业集聚的影响最为显著，其绝对关联度为0.9183，相对关联度为0.9396，综合关联度为0.929。R&D人员全时当量对仪器仪表制造业产业集聚影响次之，技术引进经费支出的影响排在第三位。技术改造经费支出因子对上海产业集聚影响最小，绝对关联度为 0.6641，相对关联度为 0.6974，综合关联度为 0.6808（见表 4 - 12）。总体来看，上海市跨国公司的研发机构数、R&D 人员全时当量和技术引进经费支出对于仪器仪表制造业产业集聚水平的影响最大。

表 4 - 12　　　　　上海市跨国公司科技水平与仪器仪表制造业产业集聚关系

仪器仪表制造业	绝对关联度	相对关联度	综合关联度	排名
R&D 人员全时当量	0.9465	0.8283	0.8905	2
R&D 经费内部支出	0.8519	0.7439	0.7979	6
有效发明专利数	0.7864	0.8915	0.8389	5
技术改造经费支出	0.6641	0.6974	0.6808	7
技术引进经费支出	0.9738	0.7948	0.8843	3
研发机构数	0.9183	0.9396	0.929	1
机构人员数	0.9528	0.8026	0.8777	4

资料来源：根据《中国高技术产业统计年鉴》以及《中国工业经济统计年鉴》数据整理计算得出。

进一步分析发现，就上海通信设备制造业、医药制造业、仪器仪表制造业产业集聚与长三角地区制造业产业集聚的灰色关联度而言，其灰色关联系数大多数保持在 0.65 以上。说明上海高科技制造业中的通信设备制造业、医药制造业、仪器仪表制造业产业集聚对长三角地区制造业产业集聚确实起到了积极的影响作用。其中，医药制造业对制造业产业集聚的影响最为显著，其绝对关联度为 0.9433，相对关联度为 0.9204，综合关联度为 0.9318。仪器仪表制造业对制造业产业集聚影响次之，通信设备制造业的影响排在第三位。综合以上分析结果可以看出，跨国公司技术对上海通信设备制造业、医药制造业、仪器仪表制造业产业集聚的影响大多保持在 0.75 以上（见表 4 - 10—表 4 - 12），而通信设备制造业、医药制造业、仪器仪表制造业产业集聚对上海制造业产业集聚的影响大多数保持在 0.65 以上（见表 4 - 13）。说明上海跨国公司技术对高科技产业集聚具有显著的影响作用，进而带动了制造业产业集聚水平的提高。

表 4 - 13   上海市高科技产业集聚与制造业产业集聚关系

制造业	绝对关联度	相对关联度	综合关联度	排名
通信设备制造业	0.6167	0.6925	0.6546	3
医药制造业	0.9433	0.9204	0.9318	1
仪器仪表制造业	0.6516	0.7066	0.6791	2

资料来源：根据《中国高技术产业统计年鉴》以及《中国工业经济统计年鉴》数据整理计算得出。

由跨国公司技术水平与通信设备制造业产业集聚的灰色关联度可以看出，跨国公司技术对江苏通信设备制造业产业集聚影响普遍显著，大多保持在 0.70 以上。说明跨国公司技术对江苏的通信设备制造业产业集聚确实起到了积极的影响作用。其中，R&D 人员全时当量对江苏产业集聚的影响最为显著，其绝对关联度为 0.9302，相对关联度为 0.8506，综合关联度为 0.8904。机构人员数对通信设备制造业产业集聚影响次之，技术改造经费支出的影响排在第三位。有效发明专利数因子对江苏产业集聚影响最小，绝对关联度为 0.6841，相对关联度为 0.7703，综合关联度为 0.7272（见表 4 - 14）。总体来看，江苏省跨国公司 R&D 人员全时当量、机构人员数和技术改造经费支出对于通信设备制造业产业集聚水平的影响最大。

由跨国公司技术水平与医药制造业产业集聚的灰色关联度可以看出，跨国公司技术各因子对江苏医药制造业产业集聚影响普遍显著，大多保持在 0.72 以上。说明跨国公司技术对江苏的医药制造业产业集聚确实起到了积极的正向影响。其中，技术引进经费支出对江苏产业集聚的影响最为显著，其绝对关联度为 0.7345，相对关联度为

0.9626，综合关联度为0.8486。R&D人员全时当量对医药制造业产业集聚影响次之，技术改造经费支出的影响排在第三位。但有效发明专利数因子对江苏产业集聚影响最小，绝对关联度为0.5726，相对关联度为0.6403，综合关联度为0.6064（见表4-15）。总体来看，江苏省跨国公司技术引进经费支出、R&D人员全时当量和技术改造费用支出对于医药制造业产业集聚水平的影响最大。

表4-14　　　　　　江苏省跨国公司科技水平与通信设备
制造业产业集聚关系

通信设备制造业	绝对关联度	相对关联度	综合关联度	排名
R&D人员全时当量	0.9302	0.8506	0.8904	1
R&D经费内部支出	0.7667	0.8819	0.8393	5
有效发明专利数	0.6841	0.7703	0.7272	7
技术改造经费支出	0.8902	0.8411	0.8656	3
技术引进经费支出	0.9202	0.7804	0.8503	4
研发机构数	0.7633	0.8072	0.7852	6
机构人员数	0.7949	0.9555	0.8752	2

资料来源：根据《中国高技术产业统计年鉴》以及《中国工业经济统计年鉴》数据整理计算得出。

表4-15　　江苏省跨国公司科技水平与医药制造业产业集聚关系

医药制造业	绝对关联度	相对关联度	综合关联度	排名
R&D人员全时当量	0.6696	0.8700	0.7698	2
R&D经费内部支出	0.617	0.8396	0.7283	4
有效发明专利数	0.5726	0.6403	0.6064	7
技术改造经费支出	0.6538	0.8803	0.7670	3
技术引进经费支出	0.7345	0.9626	0.8486	1
研发机构数	0.6038	0.6594	0.6316	6
机构人员数	0.6162	0.7848	0.7005	5

资料来源：根据《中国高技术产业统计年鉴》以及《中国工业经济统计年鉴》数据整理计算得出。

根据跨国公司技术水平与仪器仪表制造业产业集聚的灰色关联度可以看出，跨国公司技术对江苏仪器仪表制造业产业集聚影响普遍显著，大多保持在 0.71 以上。说明跨国公司技术对江苏的仪器仪表制造业产业集聚确实起到了积极的影响作用。其中，有效发明专利数对江苏仪器仪表制造业产业集聚的影响最为显著，其绝对关联度为0.8981，相对关联度为 0.9053，综合关联度为 0.9017。研发机构数对仪器仪表制造业产业集聚影响次之，机构人员数的影响排在第三位。技术引进经费支出因子对江苏仪器仪表制造业产业集聚影响最小，绝对关联度为 0.6944，相对关联度为 0.6229，综合关联度为 0.6586（见表 4 - 16）。总体来看，江苏省跨国公司有效发明专利数、研发机构数和机构人员数对仪器仪表制造业产业集聚水平的影响最大。

表 4 - 16　　江苏省跨国公司科技水平与仪器仪表制造业产业集聚关系

仪器仪表制造业	绝对关联度	相对关联度	综合关联度	排名
R&D 人员全时当量	0.7688	0.6536	0.7112	6
R&D 经费内部支出	0.8897	0.6674	0.7785	4
有效发明专利数	0.8981	0.9053	0.9017	1
技术改造经费支出	0.7964	0.6495	0.7229	5
技术引进经费支出	0.6944	0.6229	0.6586	7
研发机构数	0.9393	0.8566	0.8979	2
机构人员数	0.8922	0.6996	0.7959	3

资料来源：根据《中国高技术产业统计年鉴》以及《中国工业经济统计年鉴》数据整理计算得出。

江苏省通信设备制造业、医药制造业、仪器仪表制造业产业集聚与长三角地区制造业产业集聚的灰色关联度同样普遍显著，大多保持在 0.70 以上。说明江苏高科技制造业中的通信设备制造业、医药制造业、仪器仪表制造业产业集聚对长三角地区制造业产业集聚确实起到了积极的影响作用。其中，医药制造业对制造业产业集聚的影响最为显著，其绝对关联度为 0.9734，相对关联度为 0.9576，综合关联度为 0.9655。通信设备制造业对制造业产业集聚影响次之，仪器仪表制造业的影响排在第三位。综合以上分析结果可以看出，跨国公司技术对江苏通信设备制造业、医药制造业、仪器仪表制造业产业集聚的影响大多保持在 0.75 以上（见表 4 - 14—表 4 - 16），而通信设备制造业、医药制造业、仪器仪表制造业产业集聚对江苏制造业产业集聚的影响也基本保持在 0.70 以上，说明了江苏跨国公司技术对制造业产业集聚同样具有积极的正向影响（见表 4 - 17）。江苏省跨国公司技术对高科技产业集聚具有显著的影响作用，进而带动了江苏省制造业产业集聚水平的提高。

表 4 - 17　　　　江苏省高科技产业集聚与制造业产业集聚关系

制造业	绝对关联度	相对关联度	综合关联度	排名
通信设备制造业	0.6866	0.7375	0.7120	2
医药制造业	0.9734	0.9576	0.9655	1
仪器仪表制造业	0.5863	0.6041	0.5952	3

资料来源：根据《中国高技术产业统计年鉴》以及《中国工业经济统计年鉴》数据整理计算得出。

由跨国公司技术水平与浙江通信设备制造业产业集聚的灰色关联度可以看出，跨国公司技术对浙江通信设备制造业产业集聚影响普遍显著，大多保持在 0.75 以上。说明跨国公司技术对浙江的通信设备制造业产业集聚确实起到了较强的正向影响作用。其中，研发机构数对浙江产业集聚的影响最为显著，其绝对关联度为 0.7962，相对关联度为 0.9365，综合关联度为 0.8663。技术引进经费支出对通信设备制造业产业集聚影响次之，R&D 人员全时当量的影响排在第三位。有效发明专利数因子对浙江产业集聚影响最小，绝对关联度为 0.5738，相对关联度为 0.6196，综合关联度为 0.5967（见表 4 - 18）。总体来看，浙江省跨国公司研发机构数、技术引进经费支出和 R&D 人员全时当量对于通信设备制造业产业集聚水平的影响最大。

表 4 – 18   浙江省跨国公司科技水平与通信设备制造业产业集聚关系

通信设备制造业	绝对关联度	相对关联度	综合关联度	排名
R&D 人员全时当量	0.9486	0.7328	0.8398	3
R&D 经费内部支出	0.7157	0.8177	0.7665	6
有效发明专利数	0.5738	0.6196	0.5967	7
技术改造经费支出	0.8828	0.7601	0.8214	4
技术引进经费支出	0.9232	0.7601	0.8416	2
研发机构数	0.7962	0.9365	0.8663	1
机构人员数	0.6913	0.9055	0.7984	5

资料来源：根据《中国高技术产业统计年鉴》以及《中国工业经济统计年鉴》数据整理计算得出。

由跨国公司技术各因子与医药制造业产业集聚的灰色关联度可以看出，跨国公司技术各因子对浙江医药制造业产业集聚影响普遍显著，大多保持在 0.75 以上。说明跨国公司技术对浙江的医药制造业产业集聚确实起到了积极的影响。其中，研发机构数对浙江产业集聚的影响最为显著，其绝对关联度为 0.9201，相对关联度为 0.9864，综合关联度为 0.9532。技术改造经费支出对医药制造业产业集聚影响次之，机构人员数的影响排在第三位。但有效发明专利数因子对浙江产业集聚影响最小，绝对关联度为 0.6047，相对关联度为 0.6074，综合关联度为 0.606（见表 4 – 19）。总体来看，浙江省跨国公司研发机构数、技术改造经费支出和机构人员数对医药制造业产业集聚水平的影响最大。

表 4 – 19   浙江省跨国公司科技水平与医药制造业产业集聚关系

医药制造业	绝对关联度	相对关联度	综合关联度	排名
R&D 人员全时当量	0.8151	0.7594	0.7872	6
R&D 经费内部支出	0.8055	0.854	0.8297	5
有效发明专利数	0.6047	0.6074	0.6060	7
技术改造经费支出	0.9605	0.7899	0.8752	2

医药制造业	绝对关联度	相对关联度	综合关联度	排名
技术引进经费支出	0.9166	0.7898	0.8532	4
研发机构数	0.9201	0.9864	0.9532	1
机构人员数	0.7713	0.9518	0.8616	3

资料来源：根据《中国高技术产业统计年鉴》以及《中国工业经济统计年鉴》数据整理计算得出。

根据跨国公司技术各因子与仪器仪表制造业产业集聚的灰色关联度可以看出，跨国公司技术各因子对浙江仪器仪表制造业产业集聚影响普遍显著，大多保持在 0.70 以上。说明跨国公司技术对浙江的仪器仪表制造业产业集聚确实起到了积极的正向影响作用。其中，研发机构数对浙江仪器仪表制造业产业集聚的影响最为显著，其绝对关联度为 0.956，相对关联度为 0.8977，综合关联度为 0.9268。机构人员数对仪器仪表制造业产业集聚影响次之，R&D 经费内部支出的影响排在第三位。有效发明专利数因子对浙江仪器仪表制造业产业集聚影响最小，绝对关联度为 0.6367，相对关联度为 0.6313，综合关联度为 0.634（见表 4-20）。总体来看，浙江省跨国公司研发机构数、机构人员数和 R&D 经费内部支出对于仪器仪表制造业产业集聚水平的影响最大。

表 4-20 浙江省跨国公司科技水平与仪器仪表制造业产业集聚关系

仪器仪表制造业	绝对关联度	相对关联度	综合关联度	排名
R&D 人员全时当量	0.7414	0.7121	0.7268	6
R&D 经费内部支出	0.8987	0.7894	0.8441	3
有效发明专利数	0.6367	0.6313	0.6340	7
技术改造经费支出	0.8528	0.737	0.7949	4
技术引进经费支出	0.8192	0.737	0.7781	5
研发机构数	0.956	0.8977	0.9268	1
机构人员数	0.8541	0.8695	0.8618	2

资料来源：根据《中国高技术产业统计年鉴》以及《中国工业经济统计年鉴》数据整理计算得出。

　　就浙江通信设备制造业、医药制造业、仪器仪表制造业产业集聚与长三角地区制造业产业集聚的灰色关联度来看，其灰色关联系数大多保持在 0.70 以上。说明浙江高科技制造业中的通信设备制造业、医药制造业、仪器仪表制造业产业集聚对长三角地区制造业产业集聚确实起到了正向影响作用。其中，通信设备制造业对制造业产业集聚的影响最为显著，其绝对关联度为 0.8548，相对关联度为 0.735，综合关联度为 0.7949。医药制造业对制造业产业集聚影响次之，之后是仪器仪表制造业的影响排在第三位。综合以上分析结果可以看出，跨国公司技术各因子对浙江通信设备制造业、医药制造业、仪器仪表制造业产业集聚的影响大多保持在 0.70 以上（见表 4-18—表 4-20），而通信设备制造业、医药制造业、仪器仪表制造业产业集聚对浙江制造业产业集聚的影响也基本保持在 0.70 以上，说明了浙江跨国公司技术对制造业产业集聚同样具有积极的正向影响（见表 4-21）。整体来看，浙江省跨国公司技术对高科技产业集聚具有显著的影响作用，进而带动了浙江省制造业产业集聚水平的提高。

表 4-21　　　　浙江省高科技产业集聚与制造业产业集聚关系

制造业	绝对关联度	相对关联度	综合关联度	排名
通信设备制造业	0.8548	0.735	0.7949	1
医药制造业	0.7501	0.7619	0.756	2
仪器仪表制造业	0.6917	0.7141	0.7029	3

　　资料来源：根据《中国高技术产业统计年鉴》以及《中国工业经济统计年鉴》数据整理计算得出。

　　总体来看，跨国公司技术促进了高科技产业集聚的形成与发展，而高科技产业集聚又推动了长三角地区制造业产业集聚的进一步发展。这与吴丹丹、谢建国（2007），张宇、蒋殿春（2008），矫萍、姜明辉、叶婉婧（2012）的观点是一致的。

　　根据实证分析结果可以得到以下结论：

第一，就江、浙、沪三地跨国公司技术与高科技产业集聚的关系来看，上海市由跨国公司技术形成的产业集聚更注重自主研发。跨国公司进入上海的时间较早，经过多年的积累与发展，研发机构逐渐成熟，吸引了全国大批高科技人才的涌入。上海的企业国际化程度相对较高，能够更好地满足国际研发的多方面要求，使上海兼具较为成熟的独立研发条件，上海市已经进入了技术的自主创新能力阶段。另外，上海第二产业发展较快，基本摆脱了"国际代工"的生产模式，跨国公司逐渐将发展重点由资本密集型转向技术密集型。上海应加快本地产业转型，积极推进技术密集型产业升级，以技术与服务为核心辐射江苏、浙江两省。

第二，江苏省产业集聚体现出既注重自主研发又注重技术改造与引进的特点。跨国公司进入江苏的时间相对较晚，在江苏建立的研发机构水平参差不齐，部分具备了独立研发能力，部分则主要采用技术引进和技术改造。本地企业受到不同程度的技术溢出效应的影响，体现出不同的技术能力。江苏本地的企业自身研发基础薄弱，它们为了更快、更好地获得行业先进水平而竞相模仿，在技术能力上处于创造性模仿或仿制能力阶段，尚未具备成熟的独立研发条件。因此，大多依靠技术改造与引进形成产业集聚，以承接上海的产业转移。江苏企业需要充分利用跨国公司技术优势，在产业集聚区内积极、主动地吸收和学习国际先进技术，降低创新风险。逐步完成跨国公司技术主导型产业集聚向本地企业技术主导型产业集聚的过渡。

第三，浙江省产业集聚更为注重技术引进与改造，自主研发能力较低。在长三角地区，跨国公司入驻浙江省的时间最晚，且跨国公司进入的主要目的是获得低成本优势，建立的研发机构数目与水平有限。浙江的本地企业大多为民营企业，生产技术相对落后，经济实力有限，大量企业为降低风险、减少研发成本主要依靠改造跨国公司技术，吸引大批本地企业集聚于此，与上海、江苏形成错位发展。

就长三角地区上海、江苏、浙江"两省一市"高科技制造业产业集聚与制造业产业集聚排名的特点可以看出，上海、江苏与浙江三地高科技制造业中的通信设备制造业、医药制造业与仪器仪表制造业产业集聚对制造业产业集聚的影响呈现明显的互补态势。即上海医药制造业产业集聚对制造业产业集聚的影响最强，其次为仪器仪表制造业，最后为通信设备制造业。而江苏则是医药制造业产业集聚影响最强，其次为通信设备制造业，仪器仪表制造业产业集聚最弱。浙江表现为通信设备制造业产业集聚最强，医药制造业产业集聚次之，仪器仪表制造业产业集聚的影响最弱。这种高科技制造业产业集聚的互补形式能够更为全面地推动长三角地区制造业产业集聚的形成，从而，有效地规避由于产业同构而造成过度竞争与资源浪费，会使跨国公司主导的长三角地区的产业集聚结构更为合理。

本章针对跨国公司对产业集聚的影响机制进行了详细的叙述，并进一步以长三角地区为例，展开实证研究。实证结果显示，虽然跨国公司投资对江、沪产业集聚的影响存在一定的滞后，但总体来看，跨国公司投资与技术对长三角地区产业集聚的影响起到了积极的正向影响作用。这与李娟、王菲（2011）的研究结论是一致的。跨国公司技术促进了长三角地区高科技产业集聚的形成与发展，而高科技产业集聚又推动了制造业产业集聚的进一步发展。

由于外资企业具备先进技术水平和丰富的管理经验，跨国公司尤其是高科技产业跨国公司的入驻，可以吸引大量企业的落户生根，并产生新型企业，以人才、知识的交流，提高企业的创新能力，推动相关产业的发展。产业集聚规模的扩大，集聚中企业综合实力的增强进一步推动产业集聚发展并趋向成熟。

第五章 产业集聚对区域竞争力的影响分析

——以长三角地区为例

第四章重点阐述了跨国公司对产业集聚形成与发展影响的作用机制，并通过实证研究做了进一步的分析。本章将重点阐述跨国公司投资与技术促进产业集聚形成与发展以后，产业集聚促进区域竞争力提升的作用机制。在本章研究中，首先，详细阐述了产业集聚对区域竞争力影响的作用机制。其次，对长三角地区制造业产业集聚现状以及区域竞争力现状、特征进行分析。最后，对产业集聚与区域竞争力之间的关系进行了实证研究，并对研究结果进行了分析。

第一节 产业集聚对区域竞争力影响作用机制

一个国家的竞争优势存在于具有独特性竞争优势的产业部门，而产业部门获取竞争优势的一个重要手段就是产业集聚。之所以从产业集聚的视角，而非从公司、产业等视角来检视各经济体，是因为产业集聚更贴近于竞争的本质以及竞争优势的来源，产业集聚范围远大于产业，因此能掌握到厂商和产业间的重要连接点、互补性、技术的溢出效果、信息和顾客要求。这些连接是竞争、生产力以及新事业形成和创新的方向和速度的基本要素。产业集聚因此成为企业战略和经济政策中重要的角色。

国家竞争优势理论认为产业集聚的优势在于大量产业联系密切

的企业以及相关支撑结构在空间上集聚可以使集聚区内企业的生产率获得提高，使集聚区内企业获得持续创新能力，降低企业进入风险，促进新企业的诞生，从而使得集聚区内企业形成强劲且可持续的竞争优势。因此，产业集聚是一种根源于集聚区群体协同效应进而能在效率、效益等方面创造竞争优势的空间组织形式。产业集聚研究是结合国家竞争优势研究而展开的。

在区域与企业的发展演变中，工业时代中的区域经济相对独立，企业追求个体利益最大化，彼此之间的联系较少。信息时代中的区域经济发展依靠发达的交通通信技术打破了地理空间上的限制，提高了资金、技术、信息的高效配置，加强了各区域之间的相互联系。在区域网络化经济的指引下，企业除追求个体利益最大化外，更注重合作中的整体利益最大化，以此形成了联系紧密的产业集聚，并成为提升区域竞争力的主要方式。在经济全球化进程中，一些区域内由于产业的集聚而出现的产业集聚区可以从三方面影响企业和区域的竞争：首先，它增加内部企业或产业的生产力；其次，它增加创新的能力，并因此导致生产力提升；最后，它刺激新企业的成型，进而反援创新并扩大整个产业集聚。产业集聚带来的外部经济、技术创新以及对竞争动力的放大效果可以有效地推动区域产业竞争力的提升，是提高区域竞争力的重要途径。

通过对现有文献总结与归纳，基础设施、资本要素、劳动要素、自然资源、产业竞争力、政府作用、科技与创新、对外开放度、人民生活水平、区域经济效益10个方面共同构成区域竞争力的主要框架。产业集聚会通过关联效应、规模效应、创新效应来影响除自然资源外，基础设施、资本要素、劳动要素、产业竞争力、政府作用、科技与创新、对外开放度、人民生活水平、区域经济效益9个方面。

产业集聚区中的企业的关系不仅是延伸的供应链，更多地还表现为复杂的网络关系，产业集聚可以促进企业间的合作，提高区域内产业的劳动生产率，增强区域竞争力（Nakamura，2012）。产业集聚以关联效应创造出降低成本与风险的条件，所有企业集中于集聚区内，各企业产品信息公开、透明，相关市场信息、专业化信息、科技信息也开始集聚。加之管理、金融、法律、保险机构的监管与服务，有助于集聚区形成良好的集聚机制，能最大限度地提高各企业之间的信誉度，集聚区内部专业化分工不断深化，生产率得到提高，衍生出新的企业，其所在区域竞争力必将加强。

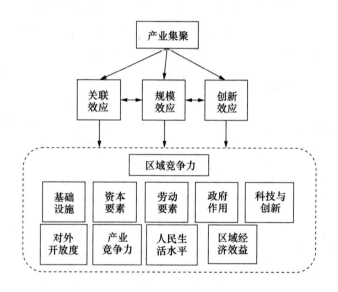

图 5-1　产业集聚影响区域竞争力作用机制

在产业集聚区内，一方面，集聚区本身的规模在不断扩大；另一方面，集聚区内的大型企业为了实现规模经济，不断扩大生产规模。对于集聚区内的企业，规模发展到一定程度，会获得两种规模经济效益：一是集聚区内的企业自身经营规模扩大实现生产上的规模效应；二是相关企业通过关联合作达到一定规模，降低成本，形成规模效应。规模效应能够降低企业的生产成本，更经济性地获得专业化的人才与要素资源，提高企业的生产率，扩大集聚区的影响力，促进区域竞争力的提升（石斌，2010）。

与此同时，集群中的相关企业学习能力强，企业之间的关联性、互补性激发了企业的创新灵感，降低了创新成本，形成了对竞争对手的"挤压效应"，在一定程度上促使跨国公司需要不断加强创新以保持市场领先性。由此促进了产业集聚区内部创新机制的进一步完善，推动了区域竞争力的上升（张宗庆、张寅，2012）。另外，产业集聚可以推动区域创新，形成创新效应，提高企业的生产率。集聚区内大量的市场、竞争、技术等信息为集聚区内企业的创新提供了原始积累，而相关企业之间通过关联效应建立彼此之间的信任，这为集聚区中企业快速获得创新资源提供了保证。企业之间的竞争推动了技术的进步，形成了积极的创新环境，加速了地区创新的进度，并且促进了新企业和新服务的形成（Greenstone，2010；Beule et al.，2012）。

总之，产业集聚能够通过关联效应、规模效应、创新效应来影响区域竞争力的多个方面。即使是由跨国公司主导形成的产业集聚，跨国公司进入时也不可能将供应商价值链、销售渠道价值链与顾客价值链所有环节都包括在内。企业之间需要相互合作完成生产，由此，产业集聚中的企业通过相互之间的关联合作，降低成本，加强信任，彼此形成协调机制，产生关联效应。关联效应的不断增强，企业实力与规模不断扩大，逐渐形成规模效应，并与关联效应形成互动，互相加强。产业集聚的发展离不开集聚中企业的创新，新技术的出现提高了生产效率，增强了区域竞争力。通过以上效应，产业集聚优势得以充分发挥，加速了区域竞争力的提升。

第二节　长三角地区区域竞争力分析

为更好地对长三角区域竞争力进行分析，现将长三角地区（上海、江苏、浙江）置于全国范围内进行比较，即在对国内30个省份区域竞争力进行分析的基础上，深入分析长三角地区的区域竞争力。在长三角地区区域竞争力评价的二级指标中，考虑到各项指标应用的权威性与可得性，区域竞争力主要通过基础设施、资本要素、劳动要素、自然资源、产业竞争力、政府作用、科技与创新、对外开放度、人民生活水平以及区域经济效益10项指标来反映。

本节首先利用因子分析法计算各二级指标的得分值，然后利用逼近理想解排序法（Technique for Order Preference by Similarity to an Ideal Solution，TOPSIS），将二级指标代入，对区域竞争力进行评价（具体计算过程参见第三章）。长三角区域竞争力综合评价值见表5－1。

表5－1　　　　2003—2011年长三角地区区域竞争力评价值

年份 省市	2003	2004	2005	2006	2007	2008	2009	2010	2011	平均值
上海	0.6553	0.6394	0.5927	0.5885	0.6085	0.6288	0.6177	0.5771	0.5720	0.6089
江苏	0.4508	0.4967	0.5196	0.4939	0.5399	0.5134	0.5174	0.5483	0.5487	0.5143
浙江	0.4251	0.4541	0.4656	0.4841	0.4518	0.4873	0.4565	0.4804	0.5427	0.4720
全国平均值	0.2730	0.2865	0.2859	0.2799	0.3131	0.3081	0.2813	0.3078	0.3379	0.2971
最小值	0.0864	0.0796	0.0865	0.0613	0.1412	0.1318	0.1210	0.1302	0.2049	0.1159
最大值	0.6553	0.6394	0.6547	0.6276	0.6373	0.6288	0.6396	0.6339	0.7232	0.6489

资料来源：根据历年《中国统计年鉴》《中国工业经济统计年鉴》《中国城市统计年鉴》《中国高技术产业统计年鉴》以及《中国第三产业统计年鉴》的相关数据计算整理。

从表5－1中显示，2003—2011年，长三角地区的上海市、江苏省和浙江省的区域竞争力水平均远高于全国平均水平。上海市的区域竞争力评价值在2003—2011年的平均值为0.6089，江苏省的区域竞争力评价值为0.5143，浙江省的区域竞争力评价值为0.4720，均远高于2003—2011年的全国区域竞争力评价值的平均值0.2971。

将全国30个省（市、区）2003—2011年的区域竞争力进行排序后，得到长三角地区区域竞争力在全国的排名，结果见表5－2。

表5-2 2003—2011年长三角地区在全国综合评价值中的排名

年份 行业	2003	2004	2005	2006	2007	2008	2009	2010	2011
上海	1	1	3	3	3	1	2	3	2
江苏	4	4	4	4	4	4	4	4	4
浙江	5	5	5	5	6	5	5	5	5

资料来源：根据历年《中国统计年鉴》《中国工业经济统计年鉴》《中国城市统计年鉴》《中国高技术产业统计年鉴》以及《中国第三产业统计年鉴》的相关数据计算整理。

根据分析的需要，把影响区域竞争力的二级指标分为强势指标、优势指标、中势指标和劣势指标。强势指标是指在全国排名中位于前4名的指标，在全国排名中位于第5名到第10名之间的称作优势指标，排名介于第10名和第20名之间的称为中势指标，低于20名的指标称作劣势指标，以此可以更为具体地反映各指标对区域竞争力的贡献度。

由表5-2可知，2003—2011年，长三角地区三个省市区域竞争力均位于全国前列。2003—2011年上海区域竞争力在第1—3名变动，在2005—2007年和2010年位于全国第3位，2009年、2011年保持在全国第2位；江苏紧随其后，2003—2011年一直保持在全国第4位。浙江省区域竞争力在全国排名大部分年间位于全国第5位，仅2007年位于全国第6位。就长三角地区而言，上海区域竞争力始终排在江苏与浙江前面，位于长三角区域第1名，江苏省区域竞争力高于浙江省。以上分析说明长三角地区在全国范围内竞争力较强，发展潜力巨大，上海市区域竞争力水平最高，其次是江苏省，浙江省排在最后。

接下来，将分别对长三角地区的上海市、江苏省和浙江省区域竞争力评价二级指标水平在全国的排名情况进行分析。其中，反映二级指标的三级指标选取根据大多数学者的选取而定，基础设施以人均铁路长度、人均公路长度、人均邮电业务总量、移动电话年末用户数、互联网上网人数、全社会货物周转量 6 项指标来确定；资本要素以人均城乡居民储蓄、全社会固定资产投资额、外商投资额、人均财政支出 4 项指标来确定；劳动要素以就业人员数、大专以上人口数量、人口识字率 3 项指标来确定；自然资源以森林覆盖率、人均土地面积、人均年水资源量、人均石油量、人均煤炭量、人均铁矿量、人均天然气量 7 项指标来确定；产业竞争力以企业单位数、产品销售率、流动资产周转次数、第三产业产值占地区生产总值的比重、第三产业从业人员占总从业人员的比重、第二产业产值占地区生产总值的比重 6 项指标来确定；政府作用以就业调控能力、物价调控能力、城镇人均失业保险金、一般公共服务支出比例 4 项指标来确定；科技与创新以 R&D 经费、R&D 人员全时当量、三种专利授权数、技术市场成交额 4 项指标来确定；对外开放度以商品进出口总额、商品出口增长率、外贸依存度、外资企业进出口额占进出口总额的比重 4 项指标来确定；人民生活水平以城镇人均消费性支出、农村人均生活消费支出、城镇人均可支配收入、农民人均纯收入 4 项指标来确定；区域经济效应以人均地区生产总值、居民最终消费支出、消费品零售总额、消费品零售总额增长率 4 项指标来确定。

长三角地区，上海市竞争力的各项指标全国排序，自 2003 年至 2011 年变化幅度不大（见表 5 - 3）。其中，劳动要素在 2005 年明显提高，由 2003 年的第 14 位上升为 2005 年的第 9 位，即从 2003 年的中势位置上升至 2005 年的优势地位，但在 2007 年又降回中等地位行列。资本要素、产业竞争力、对外开放度、人民生活水平均排在全国前 3 位，居于强势地位。政府作用在 2003—2009 年位于全国强势地位，2010 年下降至全国第 7 位，处于优势地位，但在 2011 年又回升至全国强势地位。基础设施、科技与创新大部分年代均排在全国优势地位。区域经济效益 2003—2006 年位于全国优势地位，2007—2011 年上升至全国强势地位。自然资源则绝大多数年份处于全国劣势地位。

表 5 - 3　　　　　2003—2011 年上海市各项指标全国排名汇总

指标\年份	基础设施	资本要素	劳动要素	自然资源	产业竞争力	政府作用	科技与创新	对外开放度	人民生活水平	区域经济效益
2003	6	1	14	23	1	2	4	2	1	7
2004	6	1	13	26	2	2	5	3	1	6
2005	7	1	9	22	2	4	6	3	1	6
2006	4	1	9	26	2	2	6	3	1	5
2007	5	1	12	23	2	2	6	2	3	2
2008	4	3	12	23	2	2	6	2	1	2
2009	6	1	11	24	2	2	6	2	1	2
2010	8	1	18	25	2	7	6	2	1	2
2011	10	6	17	25	2	3	3	3	1	1

资料来源：根据历年《中国统计年鉴》《中国工业经济统计年鉴》《中国城市统计年鉴》、《中国高技术产业统计年鉴》以及《中国第三产业统计年鉴》的相关数据计算整理。

　　长三角区域中，2003—2011 年江苏省竞争力的二级指标全国排序变化幅度同样不大（见表 5 - 4）。科技与创新、资本要素、区域经济效益、对外开放度处于全国强势地位。其中，科技与创新水平除 2011 年外一直保持在全国第 2 位。劳动要素、产业竞争力、人民生活水平位于全国优势地位，但之后劳动要素与产业竞争力表现为明显上升趋势，并先后于 2005 年、2008 年上升至全国强势地位。基础设施在 2004 年与 2005 年位于全国中等地位水平，其余年份均位于全国优势地位行列。政府作用在 2004 年、2005 年、2007 年位于全国优势地位，其余年份则位于全国中等地位。江苏自然资源在 2003—2011 年基本处于全国中等地位。

表 5 - 4   2003—2011 年江苏省各项指标全国排名汇总

指标 年份	基础 设施	资本 要素	劳动 要素	自然 资源	产业 竞争力	政府 作用	科技与 创新	对外 开放度	人民生 活水平	区域经 济效益
2003	9	4	8	18	5	13	2	3	7	3
2004	13	4	8	15	5	8	2	3	7	2
2005	13	4	2	20	5	6	2	2	6	2
2006	10	3	3	14	5	16	2	2	6	3
2007	10	3	2	19	7	6	2	2	2	4
2008	9	1	4	19	3	11	2	3	5	5
2009	8	3	4	19	3	18	2	3	6	3
2010	6	3	4	18	3	16	2	4	6	3
2011	9	1	2	22	3	11	6	4	5	5

资料来源：根据历年《中国统计年鉴》《中国工业经济统计年鉴》《中国城市统计年鉴》《中国高技术产业统计年鉴》以及《中国第三产业统计年鉴》的相关数据计算整理。

　　2003—2011 年，浙江省竞争力的各项指标较为稳定（见表5 - 5）。其中，人民生活水平一直位于全国强势地位，产业竞争力在 2003—2006 年位于全国强势地位，但随后呈现下降趋势，在 2007—2011 年降至全国优势地位。基础设施、资本要素、科技与创新、对外开放度、区域经济效益则长期处于全国优势地位。其中，基础设施、科技与创新呈现逐年上升态势。劳动要素在 2003—2005 年位于全国中等地位，在 2006 年开始表现为上升趋势，位于全国优势地位。虽在 2010 年跌回至全国中等地位，但在 2011 年又回升至优势地位。政府作用在 2006 年、2007 年、2010 年与 2011 年位于全国优势地位行列，其余年份则长期处于全国中等地位。自然资源在 2003—2011 年始终处于全国劣势地位。

表 5 – 5　　　　　2003—2011 年浙江省各项指标全国排名汇总

年份＼指标	基础设施	资本要素	劳动要素	自然资源	产业竞争力	政府作用	科技与创新	对外开放度	人民生活水平	区域经济效益
2003	7	5	13	22	4	10	6	7	3	5
2004	7	5	11	24	4	12	6	5	3	4
2005	6	5	11	23	4	10	4	6	3	4
2006	5	5	7	23	3	5	3	6	3	4
2007	9	5	9	23	8	2	4	6	4	3
2008	6	5	7	22	6	16	4	6	3	3
2009	5	6	7	23	5	13	4	5	3	5
2010	5	6	16	24	6	2	4	6	3	5
2011	3	5	6	24	8	2	5	10	3	3

资料来源：根据《中国统计年鉴》、《中国工业经济统计年鉴》、《中国城市统计年鉴》、《中国高技术产业统计年鉴》以及《中国第三产业统计年鉴》的相关数据计算整理。

将影响区域竞争力的三级指标也分为强势指标、优势指标、中势指标和劣势指标。强势指标同样是指在全国排名中位于前 4 名的指标，在全国排名中位于第 5 名到第 10 名之间的称作优势指标，在全国排名中位于第 11 名和第 20 名之间的称作中势指标，低于 20 名的指标称作劣势指标。

从基础设施来看，2003—2011 年，上海在货物周转量上始终处于强势地位，货物周转量在 2006 年曾跃居全国第一，并保持至 2011 年。2003—2006 年，上海市移动电话年末用户数处于全国优势地位，但自 2007 年降至中势地位，并呈现逐渐下降趋势。2003—2008 年，上海市互联网上网人数同样处于全国优势地位，但自 2009 年起降至中势地位，并呈现逐渐下降趋势。上海移动电话年末用户数与互联网上网人数呈现下降趋势主要与我国其他地区移动电话与互联网上网人数的急剧增长有关，而上海货物周转量处于强势地位则与上海属于港口城市有很大关系。2003—2011 年，上海市在人均铁路运营里程、人均公路里程上始终处于劣势地位。

相对而言，江苏省在移动电话年末用户、互联网上网人数上处于强势地位。由此可以看出，江苏在电子通信领域的确具有较强的优势。另外，江苏人均邮电业务总量除 2011 年位于全国中势地位外，其余年份与货物周转量一样位于全国优势地位。其中，人均邮电业务总量呈现上升趋势，在 2006 年升至全国第 7 位，并保持至 2010 年。但人均铁路运营里程与人均公路里程数一直处于劣势地位。与江苏的情况较为相似，2003—2011 年，浙江省在移动电话年末用户、人均邮电业务总量、互联网上网人数上处于强势地位，货物周转量位于全国优势地位，人均铁路运营里程、人均公路里程则处于劣势地位。

从资本要素来看，2003—2011 年，上海在外商投资、人均财政支出上处于强势地位。固定资产投资位于全国优势地位，但固定资产投资水平逐渐降低，2008 年降至全国中势地位，2011 年降至全国劣势地位。说明上海市资本整体水平较高，根据国家统计局数据显示，上海市固定资产投资排名呈现下降的原因在于全国其他省份固定资产投资增长速度远高于上海。从分行业的数据来看，自 2008 年以来，其他省份如江苏、浙江的制造业与房地产业固定资产投资增长速度远超上海市。这也说明了上海市产业发展重点已经从第二产业转向第三产业。

2003—2011 年，江苏在固定资产投资、外商投资上处于强势地位。江苏人均城乡居民储蓄位于全国优势地位，根据排名的结果显示，一直保持在全国第 7—8 名位置。而人均财政支出则处于全国中等位置。2003—2011 年，浙江同样在外商投资上处于全国强势地位。其中，浙江外商投资一直保持在全国第 4 名位置，人均城乡居民储蓄在 2009 年则由之前的第 5 名位置上升至第 4 名，并呈现明显上升趋势。浙江省人均财政支出位于全国优势地位，但自 2009 年开始跌至全国中等水平，全国排在 12 名左右，至 2011 年一直呈现下降趋势。

从劳动要素来看,2003—2009 年,上海在人口识字率上位于全国优势地位,但在 2010 年、2011 年跌至全国中势地位。大专以上人口数量自 2003 年开始呈现上升趋势,2005—2009 年进入全国优势地位,2010 年全国排名第 2,进入全国强势地位。就业人员一直处于全国劣势地位。就江苏而言,2003—2011 年,江苏在就业人员、大专以上人口数量上均处于优势地位,其中,就业人员除 2006年位居全国第 4 名外,其余几年基本保持在全国第 5 名位置,而大专以上人口数量在 2005—2009 年、2011 年曾一度位居全国强势地位。人口识字率在 2003 年处于全国劣势地位,但自 2005 年开始,进入全国中势地位。不难发现,江苏的产业发展重点定位于第二产业,尤其是制造业。企业在江苏的投资逐渐增多,由此吸引了大量的劳动力投入,提高了江苏就业人员数量。2003—2011 年,浙江在就业人员、大专以上人口数量上处于优势地位,但在人口识字率上始终处于劣势地位。

从自然资源来看,2003—2011 年,上海在人均石油、人均天然气、人均煤炭、人均铁矿、森林覆盖率、人均水资源量上处于劣势地位。江苏的人均铁矿、人均石油、人均天然气位于全国优势地位,但排名在 2011 年略微出现下降。在人均煤炭、人均土地面积、森林覆盖率、人均水资源量上处于劣势地位。而浙江的人均水资源量位于全国中势地位,人均铁矿、人均石油、人均天然气、人均煤炭、人均土地面积处于全国劣势地位。总体来看,长三角地区"两省一市"自然资源排名相对稳定,并且普遍位于全国后十位。

从产业竞争力来看,2003—2011 年,第三产业从业人员占总从业人员的比重处于全国强势地位,流动资产周转次数在 2004 年、2005 年、2007 年位于全国优势地位,其余几年均位于全国强势地位。产品销售率位于全国优势地位,其中,产品销售率呈现下降态势。第三产业产值占地区生产总值的比重处于全国中势地位,但自 2009 年开始降至全国劣势地位。说明上海的发展重点正在由第二产业向第三产业过渡,虽说取得了一定的成效,产业的进一步调整优化，但收效不是很明显。

2003—2011 年，江苏在企业单位数、产品销售额上基本处于全国强势地位。流动资产周转次数、第三产业从业人员占总从业人员的比重上位于全国中势地位，其中，流动资产周转次数表现为上升趋势，并在 2008 年升至全国优势地位行列。第三产业产值占地区生产总值的比重处于全国优势地位，但表现为下降趋势，并在 2010 年跌至全国中势地位行列。由此可以看出，随着长三角各地区发展战略的调整，企业越来越多地选择在江苏投资建厂，产品销售率不断攀升。江苏第二产业得到了迅速的发展与加强，但第三产业的发展较为缓慢，与上海产业结构形成鲜明的互补。

2003—2011 年，浙江在企业单位数上处于全国强势地位，在第二产业产值占地区生产总值的比重位于全国优势地位，但第二产业产值占地区生产总值的比重表现为下降趋势，并在 2009 年至 2011 年降至中势地位行列。浙江流动资产周转次数总体表现为上升趋势，在 2009 年上升至全国中势地位。由此更加说明了浙江企业数量发展之快，与江苏的情况类似，浙江同样将制造业放在了发展的重点上。

从政府作用来看，2003—2011 年，上海在城镇人均失业保险金上处于强势地位，物价调控能力在 2007 年之前处于强势水平。一般公共服务支出比例、城镇就业率则基本处于全国劣势地位。虽然上海城镇失业人口在逐渐增多，但由于上海经济较为发达，社会保障体系相对完善，政府在城镇人均失业保险金方面支出较多。江苏在城镇人均失业保险金上虽在 2010 年下降至中势地位，但基本处于优势地位。物价调控能力出现不同程度的波动，城镇就业率较高，近些年基本处于全国优势水平之上并呈现上升趋势。说明制造业向江苏等地的转移，为当地创造了更多的就业机会，提升了就业率。浙江在一般公共服务支出比例、城镇人均失业保险金上处于优势地位，在物价调控能力上处于全国中势地位。由于浙江企业逐渐增多，城镇就业率水平逐年提升。

从科技与创新来看，2003—2011 年，上海在 R&D 经费、三种专利授权数、技术市场成交额上总体处于强势地位，但 R&D 经费自 2008 年开始，降至全国优势地位。R&D 人员全时当量绝大多数年份处于优势地位。说明上海已经开始在研发经费、人员投入等方面重点发展，以形成对周边地区企业技术等多个方面的支持。

2003—2011 年，江苏在 R&D 经费、三种专利授权数、R&D 人员全时当量上均处于强势地位，技术市场成交额在优势地位与强势地位之间波动。说明江苏近些年科研的发展速度同样较快，江苏在改进原有技术、引进新技术的同时，也逐渐开始加大自主研发力度。

2003—2011 年，浙江在三种专利授权数、R&D 人员全时当量上处于强势地位，在 R&D 经费、技术市场成交额上处于优势地位。其中，R&D 经费逐渐呈现上升趋势，但技术市场成交额则表现为下降趋势。相比之下，浙江在科技研发方面也取得了较快的发展，自主研发能力在不断提高。

从对外开放度来看，2003—2011 年，上海在商品进出口总额、外贸依存度、外资企业进出口额占进出口总额的比重上均处于强势地位。商品出口增长率除部分年份位于全国中势地位外，基本处于全国劣势地位，并呈现下降趋势。与上海情况相类似，江苏在商品进出口总额、外贸依存度、外资企业进出口额占进出口总额的比重上均处于强势地位，商品出口增长率呈现下降趋势，自 2006 年开始，降至全国中势地位，2008 年降至全国劣势地位。浙江在商品进出口总额、外贸依存度上处于优势地位以上，商品出口增长率、外资企业进出口额占进出口总额的比重则位于全国中等水平，并呈现下降趋势。长三角地区是我国对外开放最早的地区，对外开放度名列全国前列也是不争的事实，大量跨国公司涌入长三角地区投资建厂，它们的产品多数要进入国际市场，自然会加大长三角地区的对外开放。上海的对外开放度显示出强劲的态势，江苏、浙江两地紧随其后。正如姚利民（2007）所言，上海充分发挥经济中心的综合优势，以扩大服务贸易领域的开放为重点，进一步推进全方位、多层次、宽领域的对外开放，吸收外资近年来保持良好的增长态势。

从人民生活水平来看，2003—2011 年，上海在城镇人均消费性支出、农村生活消费支出、城镇人均可支配收入、农村人均纯收入均位于全国强势地位。江苏在城镇人均消费性支出、农村生活消费支出、城镇人均可支配收入、农村人均纯收入均位于全国优势地位，其中江苏农村生活消费支出在 2006 年进入强势地位行列。浙江城镇人均消费性支出、农村生活消费支出、城镇人均可支配收入、农村人均纯收入均位于全国强势地位。由此可见，长三角地区是我国经济最发达的地区之一，人民生活水平普遍位于全国前列。

从区域经济效益来看，2003—2011 年，上海在人均地区生产总值上处于强势地位，在居民最终消费支出、社会消费品零售总额上基本位于全国优势地位，但社会消费品零售总额在 2008 年开始呈现下降趋势，并滑落至全国中势地位水平。社会消费品零售总额增长长期处于全国劣势地位。江苏居民最终消费支出、社会消费品零售总额均处于全国强势地位。人均地区生产总值位于全国优势地位，并在 2009 年上升至全国强势地位。浙江在 2003—2011 年人均地区生产总值、居民最终消费支出、社会消费品零售总额处于全国强势地位，但人均地区生产总值在 2009 年下降至全国优势地位水平。社会消费品零售总额增长排名波动性较大。说明长三角地区区域经济效益总体较好。

第三节　长三角产业集聚对区域
竞争力影响分析

产业在地理上的集聚能够对产业的竞争优势产生广泛而深远的影响。产业集聚是提升区域经济竞争力的必由之路。研究产业集聚对区域竞争力的影响，无疑将会成为区域经济学研究的一个重要领域，具有重要的理论与实践意义。

　　产业集聚与区域竞争力的作用机制表明，两者之间存在关联性。2003—2011 年上海市产业集聚与区域经济竞争力的关系比较如图 5－2 所示，二者均呈现波动性向前发展趋势。下面取间隔两年的产业集聚与区域竞争力数据作比较，发现两者的走势除在 2005 年略有差异外，其余年份走势基本吻合。从图 5－3 中可以推断，上海市产业集聚对区域竞争力的影响滞后两年。

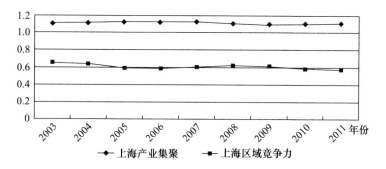

图 5－2　上海市产业集聚和区域竞争力趋势变动比较

资料来源：根据历年《中国工业经济统计年鉴》和《中国统计年鉴》数据整理计算得出。

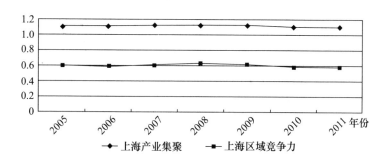

图 5－3　上海市产业集聚和区域竞争力相差两年趋势变动比较

资料来源：根据历年《中国工业经济统计年鉴》和《中国统计年鉴》数据整理计算得出。

2003—2011 年江苏省产业集聚与区域经济竞争力的关系比较如图 5 - 4 所示，从图中可以清楚地看到，二者均呈现波动性向前发展趋势。下面取间隔两年的产业集聚与区域竞争力数据作比较，发现两者走势除在 2005 年有略微差异外，其余年份两者走势基本相同。从图 5 - 5 中可以推断出，江苏省产业集聚对区域竞争力的影响滞后两年。

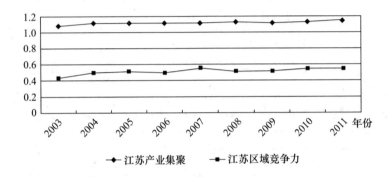

图 5 - 4　江苏省产业集聚和区域竞争力趋势变动比较

资料来源：根据历年《中国工业经济统计年鉴》和《中国统计年鉴》数据整理计算得出。

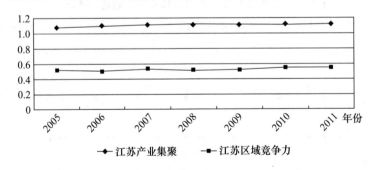

图 5 - 5　江苏省产业集聚和区域竞争力相差两年趋势变动比较

资料来源：根据历年《中国工业经济统计年鉴》和《中国统计年鉴》数据整理计算得出。

2003—2011 年浙江省产业集聚与区域经济竞争力的关系比较如图 5 - 6 所示，二者均呈现出波动性向前发展的趋势。下面取间隔两年的产业集聚与区域竞争力数据作比较，发现两者的走势除在 2006

年略有差异外，其余年份两者走势基本相同。从图5－7中可以推断，浙江省产业集聚对区域竞争力的影响滞后两年。

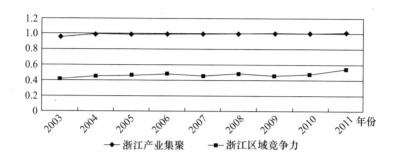

图5－6　浙江省产业集聚和区域竞争力趋势变动比较

资料来源：根据历年《中国工业经济统计年鉴》和《中国统计年鉴》数据整理计算得出。

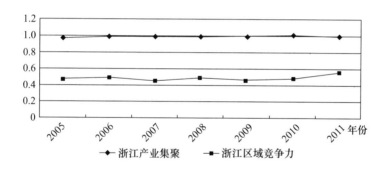

图5－7　浙江省产业集聚和区域竞争力相差两年趋势变动比较

资料来源：根据历年《中国工业经济统计年鉴》和《中国统计年鉴》数据整理计算得出。

一　产业集聚影响区域竞争力的实证研究

考虑到灰色关联分析方法更加适合小样本分析，并且能够得出变量间的影响程度。因而本章将采用灰色关联方法，结合因子分析方法，研究产业集聚对区域竞争力的影响。产业集聚与区域竞争力之间的灰色关联度反映了两者之间的关系，如果灰色关联度越接近1，则表明集聚程度越高，区域竞争力越强。利用灰色关联方法计算长三角地区产业集聚水平与区域竞争力之间的关联系数，计算结果如表 5 -6 所示。

表 5 -6　长三角地区产业集聚与区域竞争力灰色关联系数的计算

省市 关联度	上海	江苏	浙江
绝对关联度	0.9763	0.8669	0.9133
相对关联度	0.9903	0.8944	0.9663
综合关联度	0.9833	0.8807	0.9398

资料来源：根据历年《中国工业经济统计年鉴》和《中国统计年鉴》数据整理计算得出。

表 5 -6 中显示，上海市产业集聚与区域竞争力的绝对关联度为 0.9763，相对关联度为 0.9903，综合关联度为 0.9833。江苏产业集聚与区域竞争力的绝对关联度为 0.8669，相对关联度为 0.8944，综合关联度为 0.8807。浙江产业集聚与区域竞争力的绝对关联度为 0.9133，相对关联度为 0.9663，综合关联度为 0.9398。总体来看，长三角地区产业集聚与区域竞争力之间均保持了较高的关联度，关联系数均保持在 0.86 以上，产业集聚与区域竞争力综合关联度由高向低依次为上海、浙江、江苏，说明产业集聚对长三角地区区域竞争力的提高起到了正向影响。

区域竞争力体系包括基础设施、资本要素、劳动要素、自然资源、产业竞争力、政府作用、科技与创新、对外开放度、人民生活水平、区域经济效益 10 个方面。考虑到自然资源是区域既定的，无法通过人力改变，因而产业集聚对区域竞争力的影响更多地体现在对基础设施、资本要素、劳动要素、产业竞争力、政府作用、科技与创新、对外开放度、人民生活水平、区域经济效益 9 个方面的影响。下面利用灰色关联方法计算长三角地区产业集聚水平与区域竞争力体系中 9 个方面之间的关联系数。

表5－7　　上海市产业集聚与区域竞争力各因子灰色关联系数

因子＼关联度	绝对关联度	相对关联度	综合关联度	排名
基础设施	0.7441	0.8745	0.8093	3
资本要素	0.5986	0.7384	0.6685	8
劳动要素	0.7429	0.908	0.8254	2
产业竞争力	0.5986	0.7932	0.6959	6
政府作用	0.6438	0.7162	0.6800	7
科技与创新	0.8366	0.8955	0.8661	1
对外开放度	0.7444	0.8477	0.7960	4
人民生活水平	0.6842	0.8827	0.7835	5
区域经济效益	0.5854	0.6239	0.6046	9

资料来源：根据历年《中国工业经济统计年鉴》和《中国统计年鉴》数据整理计算得出。

根据上海产业集聚与区域竞争力各组成部分的灰色综合关联度可以看出，产业集聚与区域竞争力各因子关联度普遍较高，大多数保持在0.70以上。说明产业集聚对上海市区域竞争力的增强确实起到了积极的正向影响。其中，产业集聚对区域竞争力中的科技与创新影响最为显著，其综合关联度为0.8661；产业集聚对劳动要素影响次之，综合关联度为0.8254；对基础设施的影响排在第三位，综合关联度为0.8093。说明上海市产业集聚对其区域竞争力的影响主要是对科技与创新、劳动要素、基础设施影响的结果（见表5－7）。

江苏产业集聚与区域竞争力各组成部分的灰色关联度显示，产业集聚与区域竞争力各因子关联度同样普遍较高，大多保持在0.70以上。说明产业集聚对江苏竞争力的增强起到了积极的正向影响。其中，产业集聚对区域竞争力中的基础设施影响最为显著，综合关联度为0.8769；对人民生活水平的影响次之，排在第二位，对对外开放度的影响排在第三位，综合关联度分别为0.8372和0.8136。说明江苏省产业集聚对区域竞争力的影响主要是对基础设施、人民生活水平、对外开放度这三个方面影响的结果（见表5－8）。

表 5 – 8   江苏省产业集聚与区域竞争力各因子灰色关联系数

关联度 因子	绝对关联度	相对关联度	综合关联度	排名
基础设施	0.8835	0.8702	0.8769	1
资本要素	0.6190	0.7415	0.6802	9
劳动要素	0.6988	0.9034	0.8011	4
产业竞争力	0.7316	0.8466	0.7891	6
政府作用	0.6937	0.7079	0.7008	8
科技与创新	0.6609	0.7952	0.7280	7
对外开放度	0.7202	0.9071	0.8136	3
人民生活水平	0.7344	0.9399	0.8372	2
区域经济效益	0.7085	0.8718	0.7902	5

资料来源：根据历年《中国工业经济统计年鉴》和《中国统计年鉴》数据整理计算得出。

　　浙江产业集聚与区域竞争力各组成部分的灰色关联度显示，产业集聚与区域竞争力各组成因素关联度较高，关联系数大多数超过 0.70。说明产业集聚对浙江竞争力的增强同样起到了积极的正向影响。根据实证分析结果，浙江省产业集聚对区域竞争力中的基础设施影响最为显著，综合关联度为 0.9466；产业集聚对人民生活水平的影响次之，综合关联度为 0.9433，产业集聚对对外开放度的影响排在第三位，综合关联度为 0.9306。说明浙江省产业集聚对区域竞争力的影响主要是对基础设施、人民生活水平、对外开放度的影响结果（见表 5 – 9）。

表 5 – 9   浙江省产业集聚与区域竞争力各因子灰色关联系数

关联度 因子	绝对关联度	相对关联度	综合关联度	排名
基础设施	0.9099	0.9832	0.9466	1
资本要素	0.9472	0.8968	0.9220	4
劳动要素	0.6872	0.8126	0.7499	8

因子＼关联度	绝对关联度	相对关联度	综合关联度	排名
产业竞争力	0.6633	0.7722	0.7178	9
政府作用	0.8833	0.9567	0.9200	5
科技与创新	0.7488	0.8331	0.7910	7
对外开放度	0.9720	0.8892	0.9306	3
人民生活水平	0.9475	0.9392	0.9433	2
区域经济效益	0.7045	0.9254	0.8149	6

资料来源：根据历年《中国工业经济统计年鉴》和《中国统计年鉴》数据整理计算得出。

　　总体而言，产业集聚能够通过关联效应、规模效应、创新效应来影响区域竞争力的多个方面，并对区域竞争力的增强起到了正向影响。这一点与多位学者，如王缉慈（2004），蒋殿春（2006），郑江淮等（2008），魏守华、吴贵生、吕新雷（2010）与矫萍、姜明辉、叶婉婧（2012）等所述的观点具有一致性。产业集聚能积累丰富的资源，吸引大量人才与更多资本的流入。政府为加强产业集聚采取政策支持与调整，产业集聚区内经济实体的外部环境得到不断改善，基础设施、科技水平、产业竞争力随之提高，对外开放度加大，企业数量逐渐增多，在竞争合作的基础上经济实体实力不断增强，为区域经济效益与人民生活水平的提高提供了必须的条件。总体来看，产业集聚会对区域竞争力的 9 个构成因素，即基础设施、资本要素、劳动要素、产业竞争力、政府作用、科技与创新、对外开放度、人民生活水平与区域经济效益，产生影响并形成合力，提升区域竞争力整体水平。

　　二　实证研究结论

　　根据以上产业集聚与区域竞争力的实证分析结果可以进一步得出以下结论：

　　第一，产业集聚使区域内基础设施更为完善，促进了区域竞争力的提升。经济性基础设施在狭义上可以分为交通与通信基础设施两大类。产业集聚区中企业生产所需的原材料、中间产品以及生产的最终产品，均需要发达的交通体系进行运输；同时各种相关产业和配套产业的企业间也需要快捷的通信设施进行联络。当地政府为了吸引更多的跨国公司进入，会主动地完善各种基础设施，即产业集聚促使地方政府完善基础设施、增强城市的综合服务功能。伴随着产业集聚的形成和发展，区域交通业和通信业也随之快速发展，区域基础设施得到进一步完善，进而促进了区域竞争力水平的提升。从实证结果上可以清楚地看到，长三角地区的上海、江苏和浙江产业集聚均对区域基础设施水平产生了较大的影响，其中浙江省体现得最为显著，江苏省和上海市次之。由此可见，浙江省产业集聚发展较快，并且带动了相对完善的配套基础设施，江苏省和上海市的基础设施水平在区域产业集聚水平不断增强的情况下，也逐渐趋于完善。在这个过程中，政府作用也得到了一定程度的发挥。

第二，产业集聚能提高区域劳动力水平。产业集聚区往往聚集了较多的劳动密集型、资本密集型与知识密集型企业。因此，区域产业集聚水平的增加不仅在劳动力数量上有所要求，而且对劳动力素质的要求也不断提高。产业集聚一方面需要大量的劳动力来确保集聚区生产的正常运转，另一方面高新技术产业集聚区的发展还吸引了来自全国各领域大量高素质、高水平人才。目前，长三角地区还未完全完成由劳动密集型集聚向资本密集型集聚以及知识密集型集聚的转变，区域的发展依然需要大量普通劳动力与高质量劳动力两类劳动力的投入，随着长三角地区产业集聚水平的提高，劳动力的数量和质量都将得到一定程度的提高，提升了区域竞争力。

第三，产业集聚加快了区域的科技与创新能力。一是产业集聚区内存在激烈的竞争，竞争是科技创新的压力与动力，不但促使各企业投入大量研发经费进行新产品研发来保持市场优势，也促使产业集聚区不断引进高水平研发人员，创造多项发明专利。可以说，产业集聚内部科技创新水平的提升带动了整个区域科技创新能力的提升。二是集聚区内的技术会通过技术溢出效应流向集聚区内和集聚区外，产业集聚区内与区外之间通过示范模仿、产业关联、竞争激励、人力资本流动等非正式组织渠道，交流分享行业内的知识和技艺，激发灵感，推动区域的科技进步，提升区域竞争力。目前，长三角地区产业集聚提高了区域的科技与创新水平，提升了区域竞争力。

第四，产业集聚提高了人民生活水平。产业集聚形成初期需要大量劳动力的投入。集聚区内企业对劳动力资源争夺的加剧必然推升集聚区内平均工资待遇水平，由此提升了整个地区行业的平均工资水平。区域收入水平得到了很大程度的提高，员工可支配收入增加，消费水平相对提高，促进了区域人民生活水平的提高。从实证结果上可以清楚地看到，长三角地区的上海、江苏和浙江产业集聚均对人民生活水平产生了积极的正向影响，在一定程度上促进了区域竞争力的提升。

第五，产业集聚加大区域对外开放程度。长三角区域的产业集聚本身由跨国公司引起，形成初始就与国际市场有着紧密的联系，跨国公司主导型产业集聚的形成和发展必然会增强区域的对外开放的程度。首先，产业集聚对长三角地区出口导向型经济的发展提供了有力的支持。跨国公司大多从事国际生产，产品销往世界各地，增加了区域对外贸易额度。其次，由于产业集聚的形成，区域知名度提升，专业化程度的加深，相关产业的相对集中，规模效应明显，能够吸引更多的国际与国内企业或投资建厂，或与集聚区内企业发生业务来往，从另一方面为区域对外开放度的加大创造了机会。最后，随着与国际企业交往的日渐增多，集聚区内企业会直接参与到国际化价值链体系的分工之中，加强了国内企业与国际企业之间的关联。长三角地区大多数企业的生产、原材料、销售、客户均来自国外，保持了较高的对外贸易依存度。由此可见，产业集聚与外向型经济的发展使长三角地区已经成为全国区域经济发展最快的地区。产业集聚的形成加大了对外开放度，有力地促进了区域竞争力的提升。

第六，产业集聚可以增加内部企业的生产力，通过规模效应与关联效应降低生产成本，同时专业化与社会分工的分化与泛化，使资源向具有更多比较优势的企业流入，提升企业的生产力，支撑了区域产业竞争力的强化。另外，随着产业集聚水平的增加，跨国公司先进的管理经验和知识溢出到产业集聚区内，加速了产业集聚区的技术升级和产业结构的优化，提升了区域的产业竞争力。

总之，产业集聚通过对区域竞争力的构成因素产生影响，促进区域竞争力各构成要素水平的提升，进而促进区域竞争力的提高。在这个过程中，区域竞争力各构成因素还会在产业集聚的影响下通过内部联动来实现对区域竞争力的进一步强化。如产业集聚中的资本要素能够引起区域内劳动要素的增加，促进科技与创新水平的提高，加大区域的对外开放度，改善基础设施，提高产业竞争力。科技与创新水平的提高又会促进基础设施的改进，产业竞争力的提高，影响人民生活水平与区域经济效益。

第六章　跨国公司促进产业集聚提升
区域竞争力分析

——以苏州工业园区为例

第四章和第五章从宏观视角对跨国公司促进产业集聚提升区域竞争力进行了系统的探讨，本章将深入微观层面进行研究。首先，对跨国公司影响产业集聚、产业集聚进而提升区域竞争力的微观作用机制进行论述，并总结影响产业集聚的因素。其次，以苏州工业园区数据为例，对其中的跨国公司投资和技术现状、制造业产业集聚、区域竞争力现状进行了描述性统计分析。最后利用误差修正模型对苏州工业园区跨国公司对制造业产业集聚、制造业产业集聚对苏州市竞争力的影响进行了实证研究，并对实证结果做进一步的分析。

第一节　跨国公司、产业集聚提升区域
竞争力的作用机制

一　产业集聚的影响因素

国家竞争力优势的关键要素有四项：生产要素，需求条件，相关产业和支持性产业及企业战略、结构和同业竞争。生产要素是指一个国家在特定产业竞争中关于生产方面的表现，如基础设施或人力资源等；需求条件指本国市场对某一产业提供的产品或服务的需求状况；相关产业和支持性产业是指与该产业相关的上下游产业的

国际竞争力；企业战略、结构和同业竞争是指企业在一个国家的基础、组织和管理形态，以及国内竞争对手的实力。其中，生产要素又进一步分为初级与高级生产要素。初级生产要素包括地理环境、气候、天然资源、非技术人工与半技术人工等；高级生产要素则包括现代化的通信基础设施、高等教育人力以及各大学研究所等。

在国家竞争优势理论的基础上，其他学者对产业集聚影响因素进行了补充，其中主要的影响因素有政策措施以及跨国公司资本要素。

政策措施是产业集聚发展中的基础性因素，通过在税收、人才、土地、金融等方面的各种优惠政策，能够吸引大量企业的集聚。导致跨国公司向开发区集聚的主要原因在于政府的优惠政策与投资建设的基础设施。跨国公司进驻开发区后，跨国公司的先进技术会在跨国公司之间、跨国公司与本土企业之间流动，提高了企业的生产率与开发区竞争力，最终演化成产业集聚区。在它们看来，企业入驻开发区的动机在于政府提供的税收与土地政策优惠以及基础设施，传统的集聚效应并不重要（郑江淮、高彦彦、胡小文，2008；Cheng，2007；金煜、陈钊、陆铭，2006）。

跨国公司资本要素。初始的外商直接投资降低了一定区域的市场风险与投资成本，启动了当地的产业积累，最终形成产业集聚（周宏燕、谷祖莎，2012）。在产业集聚的初期，外来资本打破了本地原始的、固有的、相对封闭的静态平衡，跨国公司凭借上下游企业的合作与关键产品的不可替代性，会在当地产生"滚雪球"般的联动效应。随着 FDI 的大批量涌入，FDI 率先在某一地区形成产业集聚，跨国公司在对外投资过程中促进产业集聚的产生，这在中外的投资实践中均有体现（Ge，2009；Chung and Song，2004）。

跨国公司技术要素。随着生产技术含量的不断提高，现代企业的竞争力与核心技术密切相关。可以说，研发与技术创新已成为企业的第一要务。但由于研发活动的高成本性、高风险性，造成了技术的不完全流动性特征，并由此导致了技术扩散的地缘性与有偿性。跨国公司具有先进的技术，面对研发投入规模越来越大，技术更新周期越来越短的事实，企业必须选择地理上的接近来获得跨国公司的技术以规避风险。在经济全球化的背景下，跨国公司技术成为产业集聚形成和发展的重要因素之一（He，2010；Lu and Tao，2009）。

除此之外，还有一些其他的因素，如天然资源（地理位置、自然资源与自然条件等）（Ge，2009；He et al.，2008；Lu and Tao，2009）、人力资源（Duranton，G. and D. Puga，2001；谢里、曹清峰，2012）、企业之间的关联效应（Amiti and Javorcik，2008）、地方专业化（江曼琦、张志强，2006；2008）、运输成本（纪玉俊、王培顺，2012）等，这些因素均会对产业集聚的形成与发展产生不同的影响。

综上所述，在产业集聚的影响因素中，大多数因素均与区域自身内部条件相关，如自然资源、基础设施、政府政策等。在经济全球化的背景下，生产要素因素，除了与区域自身相关外，还与外部环境息息相关。在经济全球化进程中，跨国公司根据全球化的战略，将资源在其全球性的生产体系中重新配置，把企业的各项具体职能安排在世界任何具有相应优势的区位，从而为企业整体服务。在这一战略中，跨国公司的主要动机是获取创造性的资产，以增强竞争力。基于复合一体化战略的跨国公司更倾向于选择基础较好的地区，而跨国公司资本和技术的参与将促进产业集聚的形成和发展。

二　作用机理

依照国内外工业园区产业集聚发展的基本轨迹，结合跨国公司投资与技术的特点，可以将跨国公司主导型产业集聚大致分为产业集聚的形成和发展两个阶段。

在产业集聚形成阶段，首先，工业园区以良好的基础设施、明确的产业导向及优惠政策吸引大量跨国公司的进入。跨国公司相关联的企业网络自身就具有一定的集聚性，为产业基础的提升提供持续动力。跨国公司在工业园产业集聚中的作用在于将集聚层面由单个企业层面上升至网络层面。它通常采用两种方式形成发展网络：一是跨国公司将自身已有的供应与分销网络一同移植进工业园区；二是选择与当地企业合作，建立以跨国公司为核心的网络（陈景辉，2010）。之后，提供配套生产与服务的企业在跨国公司周围集聚，由此率先形成工业园区"中心—外围"的空间格局。加之工业园区各类企业竞争对手的后续跟进，推动了园区产业集聚规模的进一步扩大，新企业的不断进入，优质企业不断增多，劣质企业被淘汰，园区内逐渐建立起相互合作与信任，企业之间的关联性从实质意义上被不断加强，推动了产业集聚水平的提升。

在进入产业集聚发展阶段后，跨国公司通过其技术优势对园区内企业的关联性进行了强化与合理规划，使园区规模效益、外部经济性得以充分发挥。园区内企业与政策环境、基础设施等多个方面将进入新的层面，产业集聚自加强机制形成。跨国公司在工业园区进行技术投入后，工业园区中的企业首先依托跨国公司接受来自国际技术层面的辐射，但此时园区企业主要采取代工、贴牌生产为主；之后，跨国公司技术开始逐步在园区内部扩散，提高园区内相关产业生产与服务的平均水平。随着企业平均技术水平的不断提高，跨国公司技术由园区内向园区外辐射，促使更多企业集聚在园区及周边地区，使产业集聚规模进一步扩大（雷鹏，2009）。跨国公司动态的技术更新理念与标准化的技术更新过程成为真正促进工业园区产业集聚持续发展的动力。

跨国公司主导型产业集聚形成和发展后，关联效应、规模效应与创新效应的不断加强将拉动区域竞争力的提升。根据陈景辉、于学成（2010）与石斌（2011）等多位学者的研究可以得出，产业集聚区内各企业间的竞合关系，降低了信息与机会的搜寻成本，增强了企业间的联系与合作，使关联效应优势得以充分发挥，要素积累更为充裕。在规模报酬递增的集聚力驱动下，产业集聚区空间结构逐渐优化，区际扩散辐射的强化带动整个区域的发展，规模效应显著。产业集聚区内企业之间竞争与合作程度的加深，又不断推动区域的科技创新，营造积极的创新环境，完善创新网络，创新效应激发企业的灵感，增强企业的学习能力，使科技与创新成为加强区域竞争力的动力源。如此循环下去，产业集聚所形成的关联效应、规模效应、创新效应三者互动强化，进一步推动了区域竞争力的提升。总之，跨国公司投资与技术能够有效地推动产业集聚的形成与发展，而产业集聚又进一步提升了区域竞争力。

第二节　苏州工业园区的现状分析

在经济全球化的背景下，我国成为跨国公司投资的热点国家之一。梅鹏远（2008）的研究指出，跨国公司在我国的投资大多集中于长三角、珠三角与环渤海等东部沿海地区。而苏州作为长三角地区吸引外资的重要城市，跨国公司的投资无论在数量上还是质量上都明显高出除上海外的其他 14 个长三角城市。苏州工业园区作为我国首批国家级开发区，自建立以来就取得了令人瞩目的成就，苏州工业园区是典型的跨国公司主导型产业集聚区，因而接下来本书将以苏州工业园区为例，从微观的角度对跨国公司促进产业集聚提升区域竞争力进行研究。

1994 年 2 月，国务院批准设立苏州工业园区，行政区划面积 288 平方公里，户籍人口 37.2 万，常住人口 69.9 万。正如任胜钢（2005）与陈景辉（2009）所言，苏州工业园区是长三角地区典型的由跨国公司主导的产业集聚区，自 1994 年建立以来，吸引了包括美国百特、德国戴姆勒—克莱斯勒、韩国三星、日本住友株式会社等大量世界级跨国公司的进驻。十几年来，园区主要经济指标年均增长 30% 左右，2005 年率先高水平达到江苏省小康指标。2011 年，园区地方一般预算收入 133.18 亿元，比上年增长 23.37%，实际利用外资 19.35 亿美元，增长 4.59%，完成进出口总额 713.31 亿美元，实现全社会固定资产投资 3982. 56 亿元。

大量跨国公司进入苏州工业园区，集聚了资金、技术、物资、人才等生产要素，有力地推动了苏州工业园区相关产业的发展和苏州市经济的增长。苏州工业园区作为典型的由跨国公司主导的产业集聚区，以占全市 3.4% 土地、5.2% 人口创造了苏州市 15% 左右的经济总量，苏州工业园区产业集聚不断发展与强化，已成为带动苏州市竞争力发展的最重要力量。① 陈景辉（2009）认为，苏州工业园区由于跨国公司投资与产业集聚互动效应，获得了跳跃式发展，极具代表性。本节将首先对跨国公司在苏州工业园区投资和技术现状进行叙述，其次对苏州工业园区制造业产业集聚水平进行分析，最后对苏州市在江苏省的竞争力水平现状进行分析。

一 跨国公司在苏州工业园区投资现状

苏州工业园区内的跨国子公司与区外母公司保持着密切的联系，因此，子公司不仅是苏州工业园区产业集聚经济中的一员，同时也是经营足迹遍布全球的跨国公司整体中的一员，从而使子公司具有双重的身份。这一属性决定了苏州工业园区是高度开放的产业集聚区，区域经济不仅与外界存在着产品交换，更为重要的是区内与区外存在密切的技术交流、知识交流和人才流动。但目前，苏州工业园区内的跨国公司投资方式大多是独资形式，园区内产业集聚的良性动态发展取决于跨国公司在当地的根植性，因此，跨国公司投资更需要成为区域经济的有机组成部分。

1994 年苏州工业园区实际利用外资为 0. 70 亿美元，占苏州市实际利用外资的 3.22%，1997 年达到了 6.81 亿美元，占苏州市的 27.83%，1998 年苏州工业园区实际利用外资达到了 12.00 亿美元，占苏州市实际利用外资总量的 42.23%。虽然 1999—2003 年，苏州工业园区实际利用外资占比再次呈现下降趋势，但在 2004 年与 2005 年回升至 30% 以上。2006—2011 年，苏州工业园区实际利用

---

① http：//www. sipac. gov. cn/zjyq/yqgk/201206/t20120613_ 157843. htm.

外资占比呈现下降趋势，截至 2011 年，苏州工业园区实际利用外资额为 19.35 亿美元，占苏州市的比重为 21.71%。

表 6 - 1　　　苏州工业园区实际利用外资额及占
苏州市实际利用外资的比重

年份	苏州工业园区实际利用外资额（亿美元）	苏州市实际利用外资额（亿美元）	比重（%）
1994	0.70	21.77	3.22
1995	1.62	23.27	6.96
1996	4.11	22.57	18.21
1997	6.81	24.47	27.83
1998	12.00	28.42	42.23
1999	8.00	28.56	28.01
2000	6.32	28.83	21.92
2001	5.30	30.22	17.54
2002	9.11	48.14	18.92
2003	12.05	68.05	17.71
2004	18.12	50.33	36.00
2005	15.81	51.16	30.90
2006	16.00	61.05	26.21
2007	18.18	71.65	25.37
2008	18.00	81.33	22.13
2009	18.05	82.27	21.94
2010	18.50	85.35	21.68
2011	19.35	89.12	21.71

资料来源：根据苏州统计局数据计算整理。

从苏州工业园区实际利用外资的增长率角度来看（见图 6 - 1），1994—1998 年是增长最快的时期，其中在 1994 年和 1995 年分别实现了131.42%和153.70%的高增长率。但在1999年至2001年实际利用外资额出现负增长，相比之前几年呈现下降趋势。自2002年开始，苏州工业园区实际利用外资额逐渐恢复，除2005年、2008年呈现少数负增长外（分别为 - 12.74% 和 - 0.9%），其余年份一直保持着正向增长，但增长速度明显呈现下降趋势。截至2011年，苏州工业园区实际利用外资增长率降至4.59%，说明苏州工业园区在经历过跨国公司大量进入之后，开始逐步进入调整期。正如郑江淮、高彦彦、胡小文（2008）所言，在迅速扩张之后，一方面受土地规划面积的限制，另一方面沿江开发区逐步提高了吸引外资的规模标准和与本土企业的产业关联性标准，达不到该标准的新外资企业将不再允许投入苏州工业园区，只能落户到江苏北部的欠发达地区，沿江开发区也有一部分原有企业逐步转移到了苏北地区。

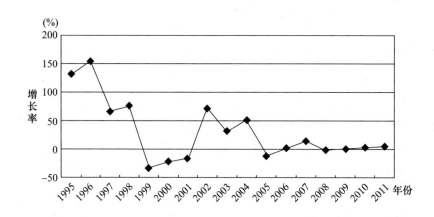

图6-1 苏州工业园区实际利用外资额增长率

资料来源：苏州统计局。

二 跨国公司在苏州工业园区技术水平

随着跨国公司投资的增多，越来越多的跨国公司在苏州工业园区内设立研发中心，以有效地利用当地的科技资源。跨国公司技术强化了集群网络模式，提高了本地相关企业的生产率。众多跨国公司在苏州投资，促进了当地产业集聚的发展与演化，但如今跨国公司已不再把苏州工业园区仅作为制造基地。为了更好地利用苏州工业园区本地环境与人才资源优势，跨国公司在苏州纷纷设立研发中心。跨国公司技术大多为世界先进水平，并且跨国公司本身也具有较强的研发能力。跨国公司的进入，大大地丰富了苏州工业园区的创新资源。2010 年，工业园区内研发投入占 GDP 比重已达 4.4%，设立各类研发机构数量超过 200 个，并且形成了苏州纳米城、国际科技园等多个创新集聚区。工业园管委会统计数据显示，截至 2010 年，在跨国公司的带动下，苏州工业园区专利申请量达到 18450 件，比前一年增长了近 2 倍。[1] 跨国公司为了节省生产成本，充分利用本地企业资源，开展合作，这样，跨国公司通过企业之间的人才流动、示范模仿等方式，将先进技术外溢到合作企业之中，提高本地企业的生产率与自主研发能力，进一步增强整个产业集聚区乃至整个区域的创新能力。

2006—2010 年的苏州工业园区的各项科技指标中，R&D 投入占 GDP 比重、高新技术企业产值、设立各类研发机构数量、专利申请量、专利授权量均表现为持续稳定的增长趋势（见表 6-2）。其中，设立各类研发机构数量在 2007 年增长最快，由 2006 年的 14 个上升至 2007 年的 35 个，增长了 1.5 倍。高新技术企业产值由 2006 年的 1215 亿元升至 2010 年的 2132.12 亿元，每年的增长率在 15% 以上。高新技术企业产值占工业总产值比重在 2009 年为 61%，2010 年降为 60.4%，虽有所下降，但下降幅度并不明显。省级认定高新技术企业数量 2006 年为 50 家，2007 年迅速增加至 200 家，2009 年与 2010 年虽有所下降，但也保持在了 70 家以上。专利申请量、专利授权量在这几年的增长速度基本保持在 50% 以上。以上说明，苏州工业园区的科技创新能力在逐年增强。

---

[1] 苏州工业园管委会网站，http://www.sipac.gov.cn/zjyq/yqgk/201206/t20120613_157843.htm.

表6 - 2   2006—2010 年苏州工业园区跨国公司技术现状

年份 指标	2006	2007	2009	2010
R&D 投入占 GDP 比重（%）	2.87	3.4	4.2	4.4
高新技术企业产值（亿元）	1215	1572.1	1848	2132.12
高新技术企业产值占工业总产值比重（%）	58.4	60	61	60.4
设立各类研发机构数量（个）	14	35	29	42
省级认定高新技术企业数量（家）	50	200	86	71
专利申请量（件）	1078	1908	4056	6301
发明专利（件）	320	871	2011	3301
专利授权量（件）	516	775	1534	3014
发明专利（件）	31	42	189	350

资料来源：苏州统计局、1994—2010 年苏州工业园区统计分析数据。

2006—2010 年，苏州工业园区各项科技指标虽少数指标有不同程度的波动，但绝大多数指标均表现为不同程度的增加趋势。图6 - 2 显示，苏州工业园区中实际利用外资与各项科技指标变化基本相同。

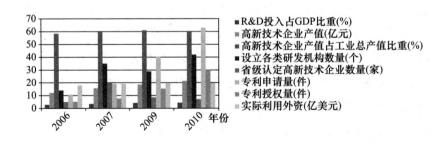

图6 - 2   苏州工业园区跨国公司技术指标与实际利用

外商直接投资额的变动趋势

注：为更直观地反映对比结果，各年高新技术企业产值、省级认定高新技术企业数量、专利申请量、专利授权量相应数值统一进行了 10 倍或 100 倍的缩小。

资料来源：苏州统计局、1994—2010 年苏州工业园区统计分析数据。

苏州工业园区技术水平除了在数量上的变化外，在结构上还表现出明显的特征：第一，园区内企业自主研发能力增强。2006—2010 年，R&D 投入占 GDP 比重逐年上升，由 2006 年的 2.78% 上升至 2010 年的 4.4%；同时，设立各类研发机构数量由 2006 年的 14 个上升至 2010 年的 42 个，而专利申请量也由 2006 年的 1078 件，升至 2010 年的 6301 件，增长了 4 倍多。第二，高新技术企业综合实力不断增强。高新技术企业产值由 2006 年的 1215 亿元攀升至 2010 年的 2132.12 亿元，年增长率基本保持在 15% 以上。

三　苏州工业园区产业集聚现状

陈景辉（2010）认为，苏州工业园区的集聚经济是在我国改革开放和全球经济一体化的背景下，跨国公司全球投资战略与我国外资优惠政策互动渐进的结果。实际上，苏州工业园区的形成与发展是由跨国公司带动的，当地相关企业主动嫁接，相互配合，共同成长的过程，而由此形成的当地产业集聚现象，也成为我国特有的一种经济现象。跨国公司逐步实现了对供应链优质资源的整合，有效地增强了在工业园区的根植性，以工业园特色塑造区域独特性，不断吸引更多的跨国公司，最终实现了跨国公司与产业发展、区域竞争力提高的多赢局面，并被评为跨国公司眼中综合吸引力最强的中国开发区之一。

本节利用苏州工业园区 1994—2010 年的生产总值计算区位熵，得到苏州工业园区制造业产业集聚的趋势。如图 6-3 所示，自 1994 年苏州工业园区成立以来，苏州工业园区产业集聚总体表现为增长趋势，2005 年之后，产业集聚波动性与增长速度逐渐平稳。1994—1996 年苏州工业园区产业集聚水平大体位于 0.8—1.0，制造业产业集聚水平接近于 1，说明 1994—1998 年苏州工业园区制造业产业集聚水平不存在显著的集聚优势，苏州工业园区制造业产业集聚水平低于苏州市的平均水平。此阶段苏州工业园区正处于起步期，园区内部管理与外部配套还有待于完善，但依托政策指引与支持，园区产业集聚得到强化；受 1998 年前期全球经济不景气的负面影响，苏州工业园区制造业产业集聚水平在 1996 年开始下滑，虽然之后有所回升，但1996—1998年，苏州工业园区制造业产业集聚水平始终低于苏州市平均水平；1999—2005年，随着全球经济形势的回暖，国内外大量企业陆续进驻苏州工业园区，加之刺激宏观经济增长的新招商引资政策的出台与信息技术的大力推广，使苏州工业园区制造业产业集聚进入到了飞速发展的阶段。苏州工业园区制造业产业集聚水平大于1，说明这段时间苏州工业园区制造业产业集聚水平高于苏州市的平均水平，具有显著的集聚优势；2005—2010年，经过5年的持续稳定发展，苏州工业园区基本确立了在苏州市产业集聚的优势地位，并呈现出较强的增长趋势。

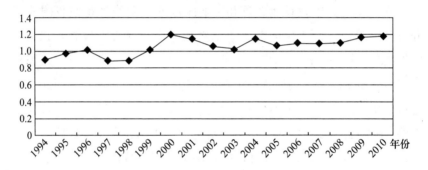

图6-3　苏州工业园区制造业产业集聚趋势

资料来源：苏州统计局、1994—2010年苏州工业园区统计分析数据以及《苏州市统计年鉴》。

四　苏州市与江苏其他地区竞争力比较分析

本书将苏州市置于江苏省范围内进行比较，选取1997—2011年江苏省13个主要城市（南京市、无锡市、徐州市、常州市、苏州市、南通市、连云港市、淮安市、盐城市、扬州市、镇江市、泰州市、宿迁市）的数据。以人均邮电业务总量、固定资产投资总额、实际利用外资金额、全部职工年末人数、建成区绿化覆盖率、人均土地面积、第三产业从业人员比重、第二产业占GDP比重、人均地区生产总值和社会消费品零售额作为竞争力评价指标，采用因子分析方法和TOPSIS的方法，对江苏省13个城市的竞争力进行评价，并在此基础上，进一步对苏州市竞争力进行探讨，苏州市竞争力综合评价值见附录。将江苏省 13 个主要城市 1997—2011 年的区域竞争力进行排序后，得到苏州市竞争力在江苏省的排名，可以看出1997—2011 年，苏州市竞争力在江苏省排名位于 1—3 名，且绝大部分年限居于全省第一位，说明在江苏省，苏州市竞争力水平位居前列，具体排名结果见附录。

1997—2011 年，苏州市竞争力的各项二级指标排序变化幅度不大。通过对二级指标在江苏省 13 个主要城市排名情况进一步分析，基础设施、资本要素、劳动要素、区域经济效益、产业结构均位居前列，自然资源在 13 个城市中排在居中位置。说明苏州市基础设施建设较为完善，吸引了大量资本与高素质劳动力的涌入，增加了苏州的经济效益，最终实现苏州市区域竞争力的提升。

第三节　苏州工业园区跨国公司对产业集聚水平影响分析

一　样本与数据来源

本节所选样本为苏州工业园区 1997—2010 年的实际利用外资额和制造业集聚水平、苏州工业园区 2006—2010 年跨国公司 R&D 投入、研发机构数量和专利授权量的时间序列数据。以实际利用外资额代表苏州工业园区的跨国公司投资水平，以跨国公司 R&D 投入、研发机构数量和专利授权量代表苏州工业园区的跨国公司技术水平。数据主要来源于对苏州工业园区相关统计数据的整理。

二　模型设定与检验方法

（一）趋势分解法

经济指标的年度数据包含两种变动要素：长期趋势要素 T 和循环要素 C。长期趋势要素反映了经济时间序列长期变动的趋势，循环要素反映了以数年为周期的变动情况，它可能是景气变动、经济变动或其他形式的周期变动。对经济周期或增长周期的研究依赖于趋势分解结果，测定趋势的方法较多如回归分析方法、移动平均方法、阶段平均方法、HP 滤波方法和频谱滤波分析方法。在这些方法中，HP 滤波方法和频谱滤波分析方法效果较好，考虑到频谱滤波分析方法适用于大样本，本书选取 HP 滤波方法对苏州工业园区跨国公司与产业集聚的序列进行趋势分解分析。HP 滤波图能够清楚地分解出两者的趋势成分，为说明两者之间是否存在长期稳定关系提供可靠的依据。

Hodrick 和 Prescott（1980）首次运用 Hodrick – Prescott 滤波的方法对美国战后经济进行了分析，方法原理如下：

假设 $\{Y_t\}$ 是含有趋势成分与波动成分的时间序列，$\{Y_t^T\}$ 代表趋势成分，$\{Y_t^C\}$ 代表波动成分。

$$Y_t = Y_t^T + Y_t^C \quad t = 1,\ 2,\ \cdots,\ T \tag{6-1}$$

计算 HP 滤波是为了实现 $\{Y_t\}$ 中 Y_t^T 的分离。一般而言，时间序列 $\{Y_t\}$ 的可观测部分趋势 $\{Y_t^T\}$ 可以被定义为最小化问题的解：

$$\min \sum_{t=1}^{T} \{(Y_t - Y_t^T)^2 + \lambda [c(L) Y_t^T]^2\} \tag{6-2}$$

其中，$c\ (L)$ 是延迟算子多项式：

$$c(L) = (L^{-1} - 1) - (1 - L) \tag{6-3}$$

将式（6-3）代入式（6-2），则 HP 滤波的问题是使损失函数最小，即：

$$\min \left\{ \sum_{t=1}^{T} (Y_t - Y_t^T) + \lambda \sum_{t=1}^{T} [(Y_{t+1}^T - Y_t^T) - (Y_t^T - Y_{t-1}^T)]^2 \right\} \tag{6-4}$$

HP 滤波分析依赖于先给定的参数 λ，需要在趋势要素对实际序列的跟踪程度和趋势光滑程度之间做出选择。对于年度数据而言，选取 $\lambda = 100$。HP 滤波把经济周期视为宏观经济对某一缓慢变动路径的偏离，该路径在期间内表现为单调增长趋势。

（二）平稳性检验

假定时间序列由随机过程产生，即时间序列 $\{X_t\}(t = 1,\ 2,\ \cdots,\ T)$

的各数值均随机地来自一个概率分布中，如果满足以下条件：

（1）均值 $E(X_t) = \mu$ 为常数，且与时间 t 无关；

（2）方差 $Var(X_t) = \sigma^2$ 为常数，且与时间 t 无关；

（3）协方差 $Cov(X_t, X_{t+k}) = \gamma_k$ 为常数，且仅与时期间隔 k 有关，与时间 t 无关；则该随机时间序列为平稳序列，该随机过程为平稳随机过程。

单位根检验是检验时间序列平稳性的标准方法。在实际的研究中常用的主要有三种：Diekey – Fuller（DF）检验、Augmented Diekey – Fuller（ADF）检验与 Phillips – Permn（PP）检验。本书将采用 ADF 检验法。

ADF 检验是通过下面三个模型完成的：

$$\Delta y_t = \delta y_{t-1} + \sum_{i=1}^{p} \beta_i \Delta y_{t-i} + \varepsilon_t \quad t = 1, 2, \cdots, T \quad (6-5)$$

$$\Delta y_t = a + \delta y_{t-1} + \sum_{i=1}^{p} \beta_i \Delta y_{t-i} + \varepsilon_t \quad t = 1, 2, \cdots, T \quad (6-6)$$

$$\Delta y_t = a + \beta t + \delta y_{t-1} + \sum_{i=1}^{p} \beta_i \Delta y_{t-i} + \varepsilon_t \quad t = 1, 2, \cdots, T \quad (6-7)$$

检验的假设都是针对 H_1: $\delta < 0$，检验 H_0: $\delta = 0$，即存在一单位根。实际检验时从模型（6 – 7）开始，然后是模型（6 – 6）、模型（6 – 5）。何时检验拒绝零假设，何时检验停止。否则，就要继续检验，直到检验完模型（6 – 5）为止。其中任何一个模型的检验结果拒绝零假设，就得出时间序列是平稳的结论。

（三）协整检验

关于协整的检验，主要有两变量的 Engle、Granger 检验和多变量之间的 Johanson 检验，因而采用适用于两变量的 E – G 两步法。因变量与自变量之间存在协整关系是说因变量能被自变量所解释的部分是一个平稳的残差序列。所以，变量之间协整关系的检验实质上是回归方程的残差序列是否是一个平稳序列的检验。

设变量 y_t 和 x_t 为 I（1）的序列，长期静态回归模型为：

$$y_t = \beta_0 + \beta_1 x_t + e_t \quad (6-8)$$

　　上述模型的参数，可以用最小二乘法估计。利用协整 ADF 检验统计量，对经过上述估计得到的回归方程的残差 e_t 的平稳性进行检验（如果 y_t 和 x_t 非协整，则它们的任意组合均非平稳，残差 e_t 也将是非平稳）。也就是说，检验残差 e_t 的非平稳的假设，就是检验 y_t 和 x_t 不是协整的假设。

　　（四）误差修正模型

　　误差修正模型（Error Correction Model，ECM）是一种特定形式的计量经济学模型，具体原理如下：

　　假设 X 与 Y 变量的长期均衡关系为：

$$Y_t = a_0 + a_1 X_t + \mu_t \tag{6-9}$$

　　现实的经济中 X 与 Y 处在均衡点上的情况很少，只能实际观测到 X 与 Y 之间的短期或非均衡的关系，假设具有以下（1，1）阶分布滞后形式：

$$Y_t = \beta_0 + \beta_1 Y_{t-1} + \beta_2 Y_t + \beta_3 Y_{t-1} + \varepsilon_t \tag{6-10}$$

　　该模型显示出第 t 期的 Y 值与 X、$t-1$ 期 X 与 Y 的状态值均有关。

　　如果变量是非平稳的，将不能直接运用 OLS 法。对上述分布滞后模型进行适当变形，得到如下的误差修正模型：

$$\Delta Y_t = \beta_2 \Delta X_t + a\ (Y_{t-1} - k_0 - k_1 X_{t-1})\ + \varepsilon_t \tag{6-11}$$

　　其中，$a = \beta_1 - 1$ 为调整系数，$k_0 = \beta_0 / (1 - \beta_1)$，$k_1 = (\beta_2 + \beta_3) / (1 - \beta_1)$。

　　误差修正模型的建立并不是单纯地使用变量的水平值或变量的差分，而是将两者进行了有机结合，充分利用了所提供的信息。短期内，因变量由长期趋势与短期波动决定，系统偏离均衡状态的程度会直接导致波动振幅的大小。长期来看，协整关系式具有引力线的作用，将非均衡状态拉回到均衡状态。

　　（五）灰色关联分析模型

　　为谨慎起见，考虑到灰色关联分析方法更加合适小样本分析，因而本书以灰色系统建模技术来研究苏州工业园区跨国公司技术对

苏州工业园区制造业集聚的影响。灰色关联分析方法的具体原理见
第四章，在此不再赘述。

三　苏州工业园区跨国公司对产业集聚影响的实证研究

（一）跨国公司投资对产业集聚水平影响模型

1. HP 滤波趋势分解结果

利用 HP 滤波分析方法分别对苏州工业园区的跨国公司投资和
苏州工业园区制造业产业集聚水平进行分解，分离出趋势成分和波
动成分，如图 6 − 4 和图 6 − 5 所示。总体来看，苏州工业园区的跨
国公司投资和苏州工业园区制造业集聚水平都具有一定的波动性。从
图形上可以清楚地看到：苏州工业园区的跨国公司投资趋势成分和苏
州工业园区制造业集聚水平趋势成分基本相似，呈现明显上升趋势。

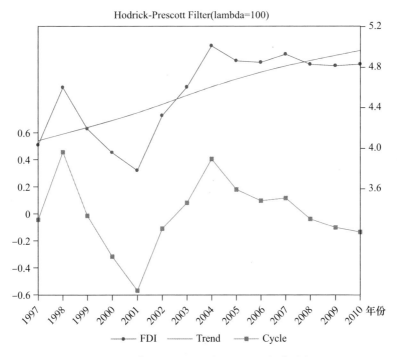

图 6 − 4　苏州工业园区的跨国公司投资分解

注：FDI 表示跨国公司投资；Trend 表示趋势成分；Cycle 表示波动成分。

资料来源：苏州统计局、苏州工业园统计分析数据 1994—2010 年，《苏州统计年
鉴》、《江苏省统计年鉴》。

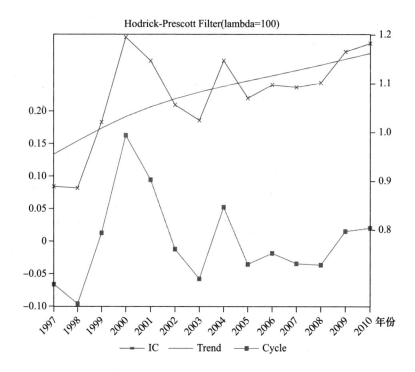

图 6-5 苏州工业园区制造业产业集聚水平分解

注：IC 表示产业集聚水平；Trend 表示趋势成分；Cycle 表示波动成分。

资料来源：苏州统计局、1994—2010 年苏州工业园区统计分析数据、《苏州市统计年鉴》、《江苏省统计年鉴》。

2. 数据平稳性分析

在对时间序列运用最小二乘回归分析前，应该考虑时间序列的平稳性。从作图上大致可估计出它们似乎都不具有平稳性，为此首先对苏州工业园区的跨国公司投资（FDI）和苏州工业园区制造业集聚水平（IC）时间序列进行单位根 ADF 检验。

检验结果两变量均为非平稳序列。进一步对其一阶差分进行单位根检验，结果均为平稳序列，由此可知，苏州工业园区的跨国公司投资（FDI）和苏州工业园区制造业集聚水平（IC）均为一阶单整。

表 6 - 3　　　　　　　　跨国公司与产业集聚单位根检验列表

变量	ADF 统计量	滞后项	样本	临界值 5%	检验结果
FDI	0.593	1	13	-1.971	非平稳
IC	0.8180	1	13	-1.971	非平稳
ΔFDI	-3.863	0	12	-1.974	平稳
ΔIC	-4.844	0	12	-1.982	平稳

注：其中 FDI 和 IC 分别表示苏州工业园区跨国公司投资与产业集聚水平，ΔFDI 和 ΔIC 分别表示苏州工业园区跨国公司投资与产业集聚水平的一阶单整序列。

资料来源：苏州统计局、1994—2010 年苏州工业园区统计分析数据、《苏州市统计年鉴》、《江苏省统计年鉴》。

3. 协整检验

模型假设跨国公司投资所带来的集聚效应和产业（企业）关联会引发领域内的相关行业形成产业集聚。考虑到苏州工业园区跨国公司投资滞后项对苏州工业园区制造业集聚水平的影响，选取当期的 FDI、IC 及 FDI 滞后一期、滞后二期和滞后三期变量，建立分布滞后模型如下：

$$IC_t = \beta_0 + \beta_1 FDI_t + \beta_2 FDI_{t-1} + \beta_3 FDI_{t-2} + \beta_4 FDI_{t-3} + \mu$$

上述设定方程中下标 t 表示年份，表示变量的第 t 个观测值，这里表示的是所选择的苏州工业园区 14 年的数据，β 是回归参数，μ 是随机项，IC_t 表示苏州工业园区制造业集聚水平，FDI 表示跨国公司在苏州工业园区投资水平。

然后根据 F 检验结果，剔除方程中不显著变量，得到模型如下：

$$IC_t = \beta_0 + \beta_1 FDI_{t-2} + \mu$$

接下来对模型进行协整检验，得到协整回归估计方程如下：

$$IC_t = 0.7672 + 0.0759 FDI_{t-2} + \mu$$

$$t = (4.6077)\ (2.0584)$$

$$R^2 = 0.2976 \quad S = 0.0519 \quad F = 4.2370 \quad DW = 1.6061$$

从上式可以看出各变量的系数显著，回归方程显著。对回归残差作单位根检验（ADF）得 T = -2.8449，在显著性水平为 0.05

下，Augmented Dickey – Fuller 统计检验的临界值为 – 1.9778，显然 ADF 统计量小于临界值，于是拒绝非协整的假设，即两个变量之间存在协整关系。即从长期来看，当年苏州工业园区的跨国公司投资（FDI）对苏州工业园区制造业集聚水平（IC）有稳定影响，但影响滞后两年。也就是说，当年苏州工业园区的跨国公司投资每增长 1 单位会促使两年后苏州工业园区制造业集聚水平增加 0.0759 个单位。

4. 误差修正模型

协整方程已经描述了苏州工业园区的跨国公司投资的滞后二期和苏州工业园区制造业产业集聚在长期具有稳定的均衡关系，但是在短期，跨国公司投资滞后二期和苏州工业园区制造业产业集聚并不完全同步，存在一定的背离，因此需要进一步分析两个变量之间的动态非均衡过程。

根据模型假设，建立误差修正模型如下：

$$\Delta IC_t = \beta_0 + \beta_t \Delta FDI2 + aecm_{t-1} + \varepsilon_t$$

其中，$FDI2$ 表示 FDI 的滞后二期，ecm_{t-1} 表示误差修正项。

对误差修正模型进行估计，得到估计结果如下：

$$\Delta IC_t = 0.0029 + 0.1190 \Delta FDI2 - 0.7221 ecm_{t-1}$$

$$t = (0.1756) \quad (1.9875) \quad (-1.8926)$$

$$R^2 = 0.6607 \quad S = 0.0526 \quad F = 7.7901 \quad DW = 1.1191$$

实证结果表明，苏州工业园区跨国公司投资滞后二期对苏州工业园区制造业产业集聚水平的短期影响可以分为两个部分：一部分是短期苏州工业园区跨国公司投资滞后二期波动，另一部分是偏离长期均衡的影响。误差修正项的系数估计值为 – 0.7221，反映了当苏州工业园区跨国公司投资滞后二期与苏州工业园区制造业产业集聚无可否水平偏离长期均衡时，将以 – 0.7221 的调整力度将非均衡状态拉回到均衡状态。

（二）跨国公司技术对产业集聚水平影响模型

跨国公司技术与产业聚集的作用机制表明，两者之间存在关联性。为了对苏州工业园区跨国公司技术对苏州工业园区制造业集聚水平的影响进行研究，本书选取苏州工业园区跨国公司 R&D 投入、研发机构数量和专利授权数作为苏州工业园区跨国公司技术数据，采用灰色关联分析进行研究。

表6-4　苏州工业园区跨国公司科技水平与制造业产业集聚关系

	绝对关联度	相对关联度	综合关联度	排名
R&D 投入	0.6951	0.7267	0.7109	2
研发机构数量	0.6681	0.6823	0.6752	3
专利授权数	0.6681	0.7969	0.7294	1

资料来源：根据苏州市统计局网站数据以及《苏州市统计年鉴》相关数据整理计算得出。

　　由苏州工业园区跨国公司技术水平与苏州工业园区制造业产业集聚的灰色关联度可以看出，苏州工业园区跨国公司技术对苏州工业园区制造业产业集聚影响普遍显著，均保持在 0.66 以上，说明苏州工业园区跨国公司技术对苏州工业园区制造业产业集聚确实起到了积极的正向影响。其中，专利授权数对苏州工业园区制造业产业集聚水平影响最为显著，综合关联度为 0.7294；R&D 投入对苏州工业园区制造业产业集聚影响次之，研发机构数量的影响排在第三位。

四　实证研究结论

　　鉴于跨国公司对苏州工业园区制造业产业集聚发展的重要性，本章从微观层面进行深入探讨，针对跨国公司投资、跨国公司技术与苏州工业园区制造业产业集聚关系问题，选择利用误差修正模型，辅之以灰色关联分析，对我国苏州工业园区跨国公司对产业集聚的影响进行实证研究，得出如下主要结论：

第一，苏州工业园区跨国公司投资与苏州工业园区制造业产业集聚水平紧密相连，跨国公司在苏州工业园区内投资的增加会带来苏州工业园区制造业产业集聚的加强。长期内，苏州工业园区跨国公司投资与其制造业产业集聚水平存在着稳定的均衡关系，但跨国公司本期投资对产业集聚的影响效果会在两年后显现。换言之，当年苏州工业园区的跨国公司投资每增长 1 个单位会促使两年后苏州工业园区制造业产业集聚水平增加 0.0759 个单位。苏州工业园区跨国公司投资对苏州工业园区制造业产业集聚水平的短期影响比长期影响程度要高。

第二，苏州工业园区跨国公司技术对苏州工业园区制造业产业集聚影响普遍显著，基本保持在 0.66 以上，说明苏州工业园区跨国公司技术对苏州工业园区制造业产业集聚确实起到了积极的正向影响。其中，专利授权数对苏州工业园区制造业产业集聚水平影响最为显著，专利授权数反映了苏州工业园区的自主研发能力，说明跨国公司技术研发本地化积累正在逐渐形成，产业集聚自主研发水平提高。R&D 投入对苏州工业园区制造业产业集聚影响次之，随着 R&D 投入的增加，研究领域逐渐扩大，产业集聚区内配套企业一方面为配合新技术产品而加快自我改进，另一方面为避免前期研发投入形成的沉没成本而与核心跨国公司保持紧密联系，并伴随着新型配套企业产生，这样既增强了产业集聚区内原有内部企业的集聚度，又扩大了产业集聚的规模。研发机构数量的影响排在第三位，说明研发机构数的增加有利于形成良好的研发氛围，有利于形成产业集聚区内研发的合理竞争，加强更多企业、大学、科研机构之间的合作交流，增强产业集聚。总之，苏州工业园区采取措施引导跨国公司技术更新与溢出，趋利避害，促进了产业集聚水平的快速发展。

第四节　苏州工业园区产业集聚水平对
苏州市区域竞争力影响分析

一　样本与数据来源

根据研究目的和数据可得性，该部分所选样本为苏州工业园区1997—2010 年制造业集聚水平和苏州市竞争力水平的时间序列数据。相关数据根据苏州工业园区统计数据整理得到。

二　模型设定与检验方法

本节将首先采用趋势分解方法，分离出苏州工业园区产业集聚水平与苏州市竞争力两个变量的趋势成分和波动成分；其次对两个变量时间序列进行平稳性检验和协整检验；最后建立误差修正模型。鉴于误差修正模型已较为成熟，且在上文中已作介绍，故不再赘述其原理。

三　苏州工业园区产业集聚对苏州市区域竞争力影响的实证研究

同样，为避免 OLS 中的伪回归（Spurious Regression）问题，本书选用最近 20 年发展起来的 Hendry 学派的动态计量经济建模理论进行实证检验。

（一）HP 滤波趋势分解结果

利用 HP 滤波分析方法分别对苏州工业园区制造业产业集聚水平和苏州市竞争力进行分解，分离出趋势成分和波动成分，如图6-5 和图 6-6 所示。可以看出，苏州工业园区制造业产业集聚水平与苏州市竞争力表现为一定的波动性，两者趋势成分均呈现上升趋势，但苏州工业园区制造业集聚水平上升相对较快，苏州市竞争力上升相对缓慢。这预示着苏州工业园区制造业产业集聚水平对苏州市竞争力的影响存在相应的滞后，进行下一阶段的分析很有必要。

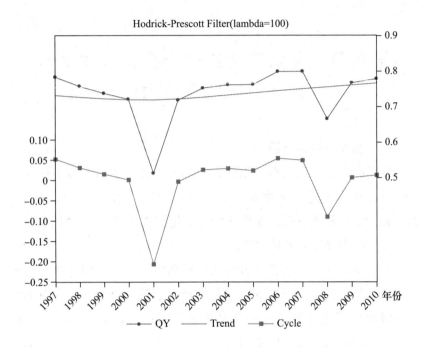

图 6 – 6　苏州市竞争力分解

注：QY 表示区域竞争力水平；Trend 表示趋势成分；Cycle 表示波动成分。

资料来源：苏州统计局、1994—2010 年苏州工业园区统计分析数据、《苏州市统计年鉴》、《江苏省统计年鉴》。

（二）数据平稳性分析

在对时间序列运用最小二乘回归分析前，需要考虑时间序列的平稳性。从 HP 滤波趋势图上大致可推断它们似乎都不具有平稳性，为此，首先应对苏州工业园区制造业产业集聚水平（IC）与苏州市竞争力（QY）的时间序列数据进行单位根 ADF 检验，如表 6 – 5 所示。检验结果显示，两变量的时间序列数据均为非平稳序列。因此，进一步对其一阶差分进行单位根检验很有必要。对数据进行一阶差分处理后，单位根检验结果均为平稳序列，调整后苏州工业园区制造业产业集聚水平（IC）与苏州市竞争力（QY）均为一阶单整。

表6-5　　　　　　　产业集聚与区域竞争力单位根检验列表

变量	ADF统计量	滞后项	样本	临界值5%	检验结果
QY	-0.240	1	13	-1.971	非平稳
IC	0.8180	1	13	-1.971	非平稳
ΔQY	-4.908	0	12	-1.974	平稳
ΔIC	-4.844	0	12	-1.982	平稳

注：其中 QY 和 IC 分别表示区域竞争力与产业集聚水平，ΔQY 和 ΔIC 分别表示区域竞争力与产业集聚水平的一阶单整序列。

资料来源：苏州统计局、1994—2010 年苏州工业园区统计分析数据、《苏州市统计年鉴》、《江苏省统计年鉴》。

（三）协整检验

考虑到苏州工业园区制造业产业集聚滞后项对苏州市竞争力水平的影响，首先，以 QY 为因变量，选取当期的 IC、IC 滞后一期，IC 滞后二期和 IC 滞后三期为自变量，建立分布滞后模型如下：

$$QY_t = \beta_0 + \beta_1 IC_t + \beta_2 IC_{t-1} + \beta_3 IC_{t-2} + \beta_4 IC_{t-3} + \mu$$

上述设定方程中下标 t 表示年份，表示变量的第 t 个观测值，这里表示的是所选择的苏州工业园区和苏州市 1997—2010 年 14 年的数据，β_0 为截距项，β_1、β_2、β_3、β_4 为各自变量的回归系数，μ 是随机项，IC_t 表示苏州工业园区制造业集聚水平，QY_t 表示苏州市竞争力。

接着根据 F 检验结果，剔除方程中不显著变量，得到模型如下：

$$QY_t = \beta_0 + \beta_1 IC_{t-3} + \mu$$

最后对模型进行协整检验，得到的协整回归估计方程如下：

$$QY_t = 0.1756 + 0.5255 IC_{t-3} + \mu$$

$$t = (0.7720)\ (2.4517)$$

$$R^2 = 0.4004 \quad S = 0.0671 \quad F = 6.0106 \quad DW = 2.2517$$

结果显示，产业集聚滞后三期变量系数显著，回归方程显著。对回归残差作单位根检验（ADF）得出 T = -4.0286，在显著性水平为 5% 下，Augmented Dickey - Fuller 统计检验的临界值为

－1.9823，显然 ADF 统计量小于临界值，拒绝非协整的假设，两个变量之间存在协整关系。这表明苏州工业园区当年制造业产业集聚水平（IC）对苏州市竞争力有长期稳定影响，但影响滞后三年。即当年苏州工业园区的制造业集聚水平每增长 1 单位会促使三年后苏州市竞争力增加 0.5255 个单位。

（四）误差修正模型

协整方程已经描述了苏州工业园区制造业产业集聚滞后三期与苏州市竞争力在长期具有稳定的均衡关系。但从短期来看，苏州工业园区制造业产业集聚滞后三期和苏州市竞争力水平并不完全同步，存在一定的背离。因此，有必要进一步分析两个变量之间的动态非均衡过程。

根据模型假设，建立误差修正模型如下：

$$\Delta QY_t = \beta_0 + \beta_1 \Delta IC3 + aecm_{t-1} + \varepsilon_t$$

其中，$IC3$ 表示 IC 的滞后三期，ecm_{t-1} 表示误差修正项，β_0 为截距项，β_1、β_2、β_3、β_4 为各自变量的回归系数，ε_t 是随机项。

误差修正模型的估计结果如下：

$$\Delta QY_t = -0.0075 + 0.4766 \Delta IC3 - 1.2304 ecm_{t-1}$$
$$t = (-0.3438) \quad (1.9603) \quad (-3.6172)$$
$$R^2 = 0.7284 \quad S = 0.0672 \quad F = 9.3853 \quad DW = 1.2295$$

实证结果表明，苏州工业园区制造业产业集聚水平滞后三期与苏州市竞争力的短期影响可以分为两个部分：一部分是苏州工业园区制造业产业集聚水平滞后三期的短期波动，另一部分是偏离长期均衡的影响。误差修正项的系数估计值为 －1.2304，说明当苏州工业园区制造业产业集聚水平滞后三期和苏州市竞争力水平偏离长期均衡时，以 －1.2304 的调整力度将非均衡状态拉回到均衡状态。

四 实证研究结论

本书采用 Eviews 6.0 软件对苏州工业园区制造业产业集聚与苏州市竞争力的误差修正模型进行回归，分析回归结果，可以得出以下结论：

苏州工业园区制造业产业集聚对苏州市竞争力水平的影响是从短期波动到长期均衡自我调整的动态过程。从实证结果来看，苏州工业园区制造业产业集聚水平对苏州市竞争力短期影响比长期影响程度要高。苏州工业园区制造业产业集聚水平滞后三期和苏州市竞争力水平存在着长期稳定的均衡关系，苏州工业园区制造业产业集聚水平的提升增强了苏州市竞争力。即长期内，当年苏州工业园区的制造业集聚水平每增长 1 单位会促使三年后苏州市竞争力增加 0.5255 个单位。

综上所述，苏州工业园区跨国公司投资对其制造业产业集聚有明显的推动作用，影响滞后两年；苏州工业园区跨国公司技术同样对其制造业产业集聚具有明显的正向影响。这与陈景辉（2009）针对工业园区的研究中得出的结论相一致。但出于研究目的的不同，在其研究中对跨国公司对产业集聚影响的滞后性并未给予过多的提及。忽略滞后性会影响规划中阶段性成果的实现，需要对影响跨国公司的滞后性特征予以充分估计，实时做好过渡时期的各项准备，以最大限度地避免决策失误。苏州工业园区产业集聚对苏州市竞争力的推动作用显著，影响滞后三年。微观数据的研究结果与之前第四章、第五章宏观数据的研究得出的结论具有基本的一致性，最为重要的结论集中在以下两点：一是跨国公司投资与技术对产业集聚、产业集聚对区域竞争力的影响均表现为正向影响；二是跨国公司投资与技术对产业集聚、产业集聚对区域竞争力的影响均存在时间上的滞后性，与事实相符。

第七章　研究结论与政策建议

第一节　研究结论

　　本书在国家竞争优势理论基础上，结合上海、江苏、浙江"两省一市"与苏州工业园区的数据，采用区位熵、因子分析与 TOPSIS 方法分别对产业集聚与区域竞争力进行分析，并分别采用灰色关联分析、趋势分解方法、协整检验与误差修正模型等计量方法，针对跨国公司对产业集聚的影响，以及产业集聚对区域竞争力的影响进行了深入探讨与研究，得出主要结论如下：

　　（1）跨国公司投资可以形成集聚区内的资本积累，通过跨国公司网络关系移植、竞争对手"跟随"以及产业（企业）关联影响产业集聚形成。跨国公司网络关系移植为产业集聚的形成做出原始准备。跨国公司竞争对手为了争夺潜在市场，会采取"跟随战略"进入产业集聚区，这势必引起外商直接投资在某个区域的成批出现，呈现出产业集聚性，促进产业集聚的进一步发展。跨国公司同上游配套企业的生产商与劳务供应商建立联系，推动了相关产业的繁荣，与此同时，跨国公司为了拓宽销售渠道而选择与当地企业的分销商合作，或跨国公司的产品被当地企业购买，与下游企业的保持合作，这样率先形成了以跨国公司为核心，相关配套企业为节点的产业集聚雏形。跨国公司上下游配套企业的辅助性企业在集聚区内进行新的外围投资，进一步扩展和延伸产业链，使产业集聚的规模再次扩大。

跨国公司对产业集聚影响的实证结果显示,跨国公司投资对产业集聚起到了积极的正向影响,但影响存在一定的滞后。研究发现,区域内产业集聚形成基础的差异性,使跨国公司投资对产业集聚的影响表现出不同的时效性。跨国公司对产业集聚的推动作用符合边际收益递减规律,在跨国公司投资水平相对较低的阶段,产业集聚水平提升速度更为明显。

(2)跨国公司技术促进了区域高科技产业集聚的形成和发展,高科技产业集聚区又带动了整个区域的产业集聚水平的提升。跨国公司技术对产业集聚水平具有正向影响作用:第一,跨国公司自身的技术网络具有稳定的结构,以跨国公司技术为主线形成的基本生产网络有利于产业集聚的形成。第二,跨国公司能为当地企业提供更为广阔的技术渠道,企业为获得跨国公司先进技术,寻找机遇集聚在跨国公司周围,以跨国公司技术为平台促进与当地企业的技术交流与合作,有利于强化空间集聚优势。第三,跨国公司动态技术更新理念与标准化的技术更新过程,对集聚区内企业产生巨大的带动作用,保证了技术之间的关联性、传播性和创新文化的与时俱进,提升集聚区企业的技术层次与相互之间合作的紧密度,有效地促进产业集聚的形成与发展。

实证结果显示,跨国公司技术与产业集聚之间存在显著的正相关关系,即近些年来,随着跨国公司技术在产业集聚区的不断加强,产业集聚表现为明显的增强趋势。另外,各地区利用跨国公司技术形成集聚的方式存在差异,经济发达地区倾向于跨国公司带动区内企业技术的自主创新促进产业集聚的形成与发展,而经济发展起步地区出于自身条件的限制,更倾向于通过跨国公司技术引进或对既有技术的改造促进产业集聚的形成与发展。

(3)产业集聚对区域竞争力提升具有较强的推动作用,产业集聚通过关联效应、规模效应与创新效应拉动区域竞争力的提升。产业集聚区的关联效应、规模效应降低了企业的生产与交易成本,形成了巨大的经济效益与社会效益。集聚区内企业之间存在的竞合关系推动了当地的科技与创新，并营造积极的创新环境，激发企业的灵感，增强企业学习能力，使科技与创新真正成为加强区域竞争力的动力源。产业集聚所形成的关联效应的增强能够实现企业自身规模与数量的扩大，规模效应的发挥能降低信息成本，加快创新。创新效应的增强、新技术的出现又强化了企业之间的关联度。关联效应、规模效应与创新效应相互加强，产业集聚优势得以充分发挥，加速了区域竞争力的提升。

研究发现，产业集聚对区域竞争力的增强起到了正向推动作用。即随着产业集聚的不断加强，区域竞争力水平显著提高，但存在一定的滞后性。产业集聚对区域竞争力的影响呈现地区差异性，主要是通过对区域竞争力的构成因素如基础设施、科技与创新、劳动要素等方面产生影响。

（4）跨国公司促进产业集聚的形成与发展并最终实现区域竞争力的增强。跨国公司分别通过投资与技术促进产业集聚的形成与发展，但是这并不意味着跨国公司在区域内投入资本就一定能形成产业集聚，区域内产业集聚的形成是跨国公司自身网络移植、竞争对手跟随，以及之后跨国公司与其配套企业之间形成的关联网络共同作用的结果。而跨国公司技术对产业集聚的影响则主要以技术合作与技术溢出的形式实现。同时，跨国公司促进产业集聚形成与发展后，并不一定会促进区域竞争力的提升，在产业集聚区通过自身的关联效应、规模效应与创新效应能够对区域竞争力的构成因素产生显著影响时，产业集聚将能有效推动区域竞争力的提升。由此看来，以跨国公司投资和技术为主动力促进产业集聚的发展进而强化区域竞争力是一条行之有效的途径。

综合全书的实证研究结果，宏观与微观层面的研究得出的结论具有一致性。即跨国公司促进了产业集聚，产业集聚又进一步推动了区域竞争力的提升，但影响存在一定时间的滞后性。其中，跨国公司投资与技术均促进了产业集聚，产业集聚继而通过对区域内基础设施、科技与创新、劳动要素等方面的影响进一步增强了区域竞争力。研究还进一步发现，跨国公司对产业集聚的影响、产业集聚对区域竞争力的影响均存在长期稳定的均衡关系，并且跨国公司对产业集聚、产业集聚对区域竞争力的短期影响效果要强于长期影响效果。

就本书的普适性而言，理论层面，本书在国家竞争优势理论的基础上，探讨了跨国公司促进产业集聚提升区域竞争力的作用机制，这对于区域竞争力提升的相关研究具有普遍的指导意义。在实践层面，本书选择典型的跨国公司主导型产业集聚区——长三角地区作为样本，对相关理论进行验证，并试图挖掘出现象背后的统一性，所探讨的问题及结论对于我国跨国公司主导型产业集聚区所处区域的竞争力提升具有普遍的参考价值。

第二节　政策建议

本书的研究表明，跨国公司对产业集聚具有重要影响作用，而产业集聚又进一步推动了区域竞争力的提升。区域竞争力的提升、高端产业集聚区的形成与发展，需要政府、企业、社会中介服务机构等多种力量的联合介入，其中政府的作用尤为重要。因此，本书根据我国国情，从实际出发，提出以下对策建议：

一　利用跨国公司投资与技术推动产业集聚快速发展

（一）抓好跨国公司项目引进培植，鼓励外商网络移植与同行跟随进入

紧紧抓住产业与国际资本全球转移的大好时机，积极吸引跨国公司及其同行进驻产业集聚区，特别是大力引进带动性强、辐射力度大、产业关联性强的国际大项目，以项目带动产业链的形成，为产业集聚的形成与发展打下良好的基础。

在抓好跨国公司大项目的引进与培植的基础上，加强对上下游

产业与产品的跟踪调查研究，鼓励加工配套企业同时跟进，发挥链状经济与块状经济的正效应，推动地区产业集聚的快速形成。同时鼓励产业集聚区突破区域限制，积极实施"走出去"战略。

（二）优化区域发展环境，大力吸引外商投资和技术

优化区域的经济发展环境，需要在改善基础设施、健全法律法规、规范市场环境、加大政策扶持力度等方面多下功夫，要加大对基础设施建设的投资力度，全力营造一流的服务环境；同时在"招得进、留得住"的问题上下功夫，促进集群地方人文网络的形成与跨国公司地方根植性的提高，努力降低投资者投资成本，抓好签约项目落实情况追踪，充分利用区域得天独厚的自然地理环境，注重环境保护，合理规划建设，致力于建设一个集政策、服务、基础设施建设、生态于一体的发展平台，以吸引跨国公司投资和技术。

（三）拓宽技术交流渠道，实现技术有效传递

一是政府及相关部门要建立以计算机网络、办公自动化网络与信息情报网络实时互动的核心信息系统，建设并维护好技术传递的设施，才能使技术更快捷、更便利地转换为新产品。二是引导区域内的科研机构、大学等与企业之间的合作与相互联系，建立互动机制，以科技元素加强集聚力度，鼓励企业努力发展技术相关领域的渗透性创新模式，为企业开辟多种新产品、新技术交流渠道，力图将单个企业的创新活动发展为多企业联合的创新活动。

二　充分发挥集聚优势，提升区域竞争力

（一）强化产业集聚关联效应，提升区域竞争力

产业集聚区内各企业生产水平参差不齐，要通过加强集聚区内企业间的关联度来强化产业集聚、降低成本、增加区域经济效益，以加速区域竞争力的提升。

一是要强化总体规划，政府需要高效配置资源，实现集聚区内公共设施的低成本共享，正确定位企业在产业链上的位置，增强集聚区内产业链发展的合力和张力，引导企业积极融入跨国公司全球产业链中，构筑企业与全球生产体系之间的联系。优化集聚区的空

间格局，改进中间产品提供与最终产品生产之间的协作流程。充分利用跨国公司产业关联度高、带动性强、辐射力度大的特点，依托项目加速与提升集聚区内新型产业链的形成，推动国内企业相互之间优势互补与整体水平的提升。

二是拓宽产业集聚区内各相关主体联系渠道。政府要通过适度的调整、建立适合创业、创新的规章制度，把分散的单个企业和各个机构有机地联系起来，使产业集聚区各相关主体发生关联效应，增强产业集聚的整体优势；通过中介组织强化各企业之间的联系，组织集会、座谈会、交流会等加强企业之间的直接交流，举办博览会、展销会、洽谈会营销区域品牌，扩大与外部企业的合作领域；通过技术的关联性加强企业之间的关联性，以推动企业之间的技术合作与交流，构建出公用的技术开发平台，增强技术创新在集聚区内的整体效应，为产业空间的拓展，企业群体的扩大，企业生产成本的降低，集聚区的外部经济性增强打下基础。帮助中间产品提供商与集聚区内相关生产企业建立合作关系，鼓励生产制造企业与中间产品提供企业之间积极开展技术交流，以创新实现"共赢"。

（二）发挥产业集聚区人力资本优势，提升区域竞争力

一是完善产业集聚区人才引进机制。探索建立与国际接轨的人才收入分配机制，形成产业化的人才配套服务体系，在充分运用经济激励的同时，给予人才较大的发展空间，重视权利地位和精神层面的激励等。二是建立人力资本市场的调节机制、通畅的人力资本流动渠道以及促进人力资本效能发挥的经济和社会条件。三是在产业集聚区建立柔性人才使用机制。开展与高校、科研机构的横向联合，形成技术创新的人才联盟。四是建立有竞争力的现代企业制度，明晰人力资本产权，尽快建立现代化企业产权制度和报酬机理体制，以实现产业集聚区人力资源增长与企业效益增长的良性循环。

（三）发挥产业集聚区创新效应，提升区域竞争力

一是着力打造健康、良好的创新环境，政府要积极地致力于集

聚区创新体系的建设与完善，不断推进制度创新、技术创新与组织创新，尤其要加快体制、机制创新，吸引各类优质生产要素的流入，以专业市场的创造弥补集聚区内企业创新的不足。二是鼓励企业创新本地化，吸引更多的企业落户产业集聚区内并结成网络，从实质上提升产业集聚发展层次，促进技术外溢，扩大创新效应。

三　充分利用跨国公司发展产业集聚，提升区域竞争力

前文分析已经表明跨国公司投资和技术可以促进产业集聚的快速形成与发展，而产业集聚形成与发展后，会进一步促进区域竞争力的提升。然而，当我国区域环境出现产业结构不合理、要素流动不畅等现象时，跨国公司、产业集聚对区域竞争力影响的传导机制就会遇到障碍，影响区域竞争力的快速提升。政府应该尽快采取相应措施，消除制约传导机制正常运行的障碍，恢复跨国公司对产业集聚，进而产业集聚对区域竞争力的影响作用。

一是通过增强市场一体化等措施，消除国际生产要素流动障碍，打通跨国公司投资和技术入驻产业集聚区的关键环节。二是政府要鼓励本地企业以主动进取的态度，在充分利用跨国公司投资与技术的同时，积累内生优势、技术和市场竞争经验，逐步向高附加值环节转移，促进产业升级，进而提高区域竞争力。三是合理规划集聚，把握好产业集聚区域的总体发展方向，优化产业集聚布局，尽量避免产业、行业结构趋同。对核心产业进行规划，遵循产业相关度高、企业联系紧密、与内部优势资源相匹配、建立良好竞争机制等原则。四是整合区域产业，发挥产业链和产业集聚联动效应，提升区域竞争力。区域产业整合是国际全球化形势下提升区域竞争力的需要。政府需明确区域产业整合目标，协调好各方资源，扩大产业集聚的规模与影响力，夯实地区集聚参与国际市场竞争的基础。区域产业整合的重中之重在于产业的优化组合，即强化区域内部产业间分工合作，发挥产业间互补优势，避免重复建设。分阶段适度延伸产业链，以产业链为纽带，实现集聚区内各相关企业、政府部门、中介服务机构之间的关联互动，并形成独具特色的集聚区规模

优势，以有效推动区域产业的整合。

第三节　未来研究方向

（1）本书虽然验证了跨国公司对产业集聚的正向积极影响，但这并不意味着无限度的跨国公司投资对产业集聚会起到积极的促进作用。过度的投资会引起区域投资的饱和，产生恶性竞争，造成资源的浪费，而本书对跨国公司在产业集聚区最佳投资程度问题探讨得不够深入，有待于未来进一步研究。

（2）引起产业集聚的最基本因素是集聚区内的企业，跨国公司影响产业集聚进而提升区域竞争力的研究需要进一步延伸至企业层面，以区域内各跨国公司基础数据为依据，推进研究的进一步深入。

附　录

2011 年全国 30 个省份区域竞争力评价基础数据（一）

地区	基础设施					
	人均铁路运营里程（千米/万人）	人均公路里程（千米/万人）	人均邮电业务总量（元/人）	移动电话年末用户（万户）	互联网上网人数（万人）	各地区货物周转量（亿吨千米）
北京	0.71	12.26	3254.15	2576	1379	999.60
天津	1.41	24.64	2864.48	1236	719	10337.29
河北	3.30	100.26	3446.73	5095	2597	9630.43
山西	3.82	136.61	3096.94	2447	1405	3062.51
内蒙古	11.93	209.58	3190.21	2316	854	5422.33
辽宁	1.99	48.20	2189.78	3837	2092	10404.55
吉林	3.85	88.48	2301.01	2004	966	1452.57
黑龙江	4.80	125.52	2482.87	2377	1206	1968.24
上海	0.20	5.15	2400.13	2621	1525	20309.56
江苏	0.88	57.23	3708.18	6685	3685	6957.99
浙江	0.98	61.33	4945.30	5756	3052	8634.91
安徽	2.56	122.67	3028.71	3259	1585	8446.36
福建	2.06	90.14	4987.47	3553	2102	3396.78
江西	3.38	174.90	3330.26	2322	1088	2985.10
山东	1.50	83.52	2897.59	7118	3625	12684.26
河南	2.13	123.79	3018.23	5062	2582	8530.79
湖北	1.92	121.50	2465.87	3954	2129	3798.84
湖南	2.89	181.33	3435.83	3749	1936	3369.97

续表

地区	基础设施					
	人均铁路运营里程（千米/万人）	人均公路里程（千米/万人）	人均邮电业务总量（元/人）	移动电话年末用户（万户）	互联网上网人数（万人）	各地区货物周转量（亿吨千米）
广东	0.61	40.94	4052.60	10793	6300	6904.99
广西	3.74	122.94	3827.55	2533	1353	3478.23
海南	3.22	106.30	4351.25	672	338	1368.48
重庆	1.41	121.75	2504.91	1801	1068	2528.71
四川	2.29	184.85	3960.33	4818	2229	2016.17
贵州	3.86	294.07	4086.75	2044	840	1060.69
云南	3.30	284.01	4290.39	2590	1140	1024.40
陕西	5.34	198.63	4555.14	2907	1429	2824.67
甘肃	4.80	243.43	3390.58	1615	700	2037.18
青海	14.60	505.19	3795.04	464	208	486.38
宁夏	5.60	108.44	2548.19	521	207	933.03
新疆	6.68	239.80	3582.92	1671	882	1475.22

注：由于篇幅有限，仅将 2011 年区域竞争力评价的基础数据加入附录，2003—2010 年区域竞争评价的基础数据不再列入附录。

资料来源：根据《中国统计年鉴（2012）》数据计算整理而得。

2011 年全国 30 个省份区域竞争力评价基础数据（二）

地区	资本要素				劳动要素		
	人均城乡居民储蓄（万元/人）	固定资产投资（亿元）	外商投资（亿元）	人均财政支出（万元/人）	就业人员（万人）	大专以上人口数量（万人）	识字率（%）
北京	10.99	5578.93	8674.40	1.86	1315.73	0.56	98.30
天津	9.95	7067.67	7411.76	2.92	469.80	0.23	97.90
河北	11.39	16389.33	2950.32	2.26	3616.13	0.30	97.39
山西	10.59	7073.06	2059.34	2.40	1665.99	0.23	97.87
内蒙古	7.06	10365.17	1647.48	3.89	1162.37	0.25	95.93
辽宁	7.12	17726.29	10714.77	1.81	2221.70	0.45	98.07

续表

地区	资本要素				劳动要素		
	人均城乡居民储蓄（万元/人）	固定资产投资（亿元）	外商投资（亿元）	人均财政支出（万元/人）	就业人员（万人）	大专以上人口数量（万人）	识字率（%）
吉林	5.63	7441.71	1501.19	2.12	1248.12	0.20	98.08
黑龙江	6.57	7475.38	1351.93	2.25	1734.80	0.29	97.94
上海	7.36	4962.07	24361.46	1.67	855.68	0.41	97.26
江苏	9.74	26692.62	36982.56	2.34	4862.82	0.77	96.19
浙江	12.88	14185.28	13035.64	2.11	4088.65	0.55	94.38
安徽	7.57	12455.69	2122.96	2.71	3939.26	0.32	91.66
福建	8.85	9910.89	8837.99	2.15	2129.28	0.36	97.56
江西	8.50	9087.60	3168.58	3.02	2303.52	0.25	96.87
山东	7.94	26749.68	9256.08	1.79	5795.06	0.69	95.03
河南	7.32	17768.95	2734.25	2.12	6069.82	0.56	95.75
湖北	6.45	12557.34	3350.32	1.84	3144.05	0.52	95.42
湖南	8.27	11880.92	2256.87	2.75	4043.28	0.41	97.33
广东	8.67	17069.20	29210.66	1.44	5846.00	0.89	98.04
广西	7.80	7990.66	1933.03	2.98	2963.53	0.32	97.29
海南	8.70	1657.23	1424.57	3.61	395.49	0.05	95.92
重庆	7.18	7473.38	2917.65	2.64	1881.27	0.27	95.70
四川	10.54	14222.22	3706.92	3.05	4985.47	0.53	94.56
贵州	7.33	4235.92	366.79	4.19	2398.72	0.22	91.26
云南	8.81	6191.00	1332.56	3.88	2833.49	0.26	93.97
陕西	11.99	9431.08	1283.92	3.83	116.47	0.31	96.26
甘肃	8.33	3965.79	412.77	3.53	1920.06	0.18	91.31
青海	8.20	1435.58	202.95	7.60	1392.59	0.04	89.77
宁夏	5.98	1644.74	284.01	3.12	238.15	0.05	93.78
新疆	6.83	4632.14	361.69	3.53	258.95	0.24	97.64

注：由于篇幅有限，仅将2011年区域竞争力评价的基础数据加入附录，2003—2010年区域竞争评价的基础数据不再列入附录。

资料来源：根据《中国统计年鉴（2012）》数据计算整理而得。

2011 年全国 30 个省份区域竞争力评价基础数据（三）

地区	自然资源						
	森林覆盖率（%）	人均土地面积（公顷/人）	人均水资源量（立方米/人）	人均石油（吨/人）	人均煤炭（吨/人）	人均铁矿（吨/人）	人均天然气（立方米/人）
北京	31.72	0.09	172.62	0.00	21.60	4.94	0
天津	8.24	0.19	128.80	4.46	48.26	0.00	4447
河北	22.29	1.20	124.45	17.72	245.34	170.73	2128
山西	14.12	1.59	111.42	0.00	8457.20	135.79	0
内蒙古	20.00	14.91	94.48	11.09	4802.13	176.65	104669
辽宁	35.13	0.69	126.16	8.28	143.49	241.20	903
吉林	38.93	1.84	113.33	17.15	91.81	23.53	7978
黑龙江	42.39	3.65	128.02	41.36	498.15	2.82	11354
上海	9.41	0.04	183.57	0.00	0.00	0.00	0
江苏	10.48	0.40	212.26	1.10	40.63	6.88	90
浙江	57.41	0.58	196.30	0.00	2.41	2.14	0
安徽	26.06	1.15	168.99	0.17	655.56	68.99	1
福建	63.10	1.21	188.18	0.00	41.89	35.25	0
江西	58.32	1.99	174.79	0.00	50.81	18.73	0
山东	16.72	0.56	129.79	12.30	265.40	32.31	1358
河南	20.16	0.83	108.59	2.60	487.28	10.95	493
湖北	31.14	1.06	213.18	0.74	18.56	33.81	26
湖南	44.76	1.65	203.16	0.00	103.79	11.56	0
广东	49.44	0.39	241.38	0.00	0.49	2.40	1
广西	52.71	2.78	241.94	0.17	23.68	3.40	40
海南	51.98	1.64	249.20	-0.16	55.20	33.86	0
重庆	34.85	0.84	145.43	0.16	190.70	1.54	20080
四川	34.31	3.16	191.71	0.53	338.16	190.23	52030
贵州	31.61	3.28	142.79	0.00	1094.53	2.61	196
云南	47.50	5.07	124.89	0.02	789.98	49.78	31

续表

地区	自然资源						
	森林覆盖率（%）	人均土地面积（公顷/人）	人均水资源量（立方米/人）	人均石油（吨/人）	人均煤炭（吨/人）	人均铁矿（吨/人）	人均天然气（立方米/人）
陕西	37.26	2.69	163.25	39.00	1406.09	50.58	71592
甘肃	10.42	7.95	146.46	30.56	462.68	107.65	3771
青海	4.57	56.39	196.98	43.46	1266.90	4.72	104457
宁夏	9.84	2.30	163.14	3.14	1384.19	0.00	112
新疆	4.02	25.73	160.06	87.02	2293.08	62.13	136168

注：由于篇幅有限，仅将2011年区域竞争力评价的基础数据加入附录，2003—2010年区域竞争评价的基础数据不再列入附录。

资料来源：根据《中国统计年鉴（2012）》数据计算整理而得。

2011 年全国 30 个省份区域竞争力评价基础数据（四）

地区	产业竞争力					
	企业单位数（个）	产品销售率（%）	流动资产周转次数（次/年）	第三产业产值占地区生产总值的比重（%）	第三产业从业人员占总从业人员的比重（%）	第二产业产值占地区生产总值的比重（%）
北京	3746	98.92	1.64	76.10	74.52	23.10
天津	5013	99.26	2.30	46.20	45.47	52.40
河北	11570	98.08	3.25	34.60	25.10	53.50
山西	3675	96.61	1.74	35.20	36.43	59.00
内蒙古	4175	98.22	2.63	34.90	34.55	56.00
辽宁	16914	98.38	2.96	36.70	42.29	54.70
吉林	5158	98.34	3.42	34.80	37.12	53.10
黑龙江	3377	97.20	2.27	36.20	39.07	50.30
上海	9962	98.89	2.03	58.00	59.50	41.30
江苏	43368	98.74	2.56	42.40	36.67	51.30

续表

地区	产业竞争力					
	企业单位数（个）	产品销售率（％）	流动资产周转次数（次/年）	第三产业产值占地区生产总值的比重（％）	第三产业从业人员占总从业人员的比重（％）	第二产业产值占地区生产总值的比重（％）
浙江	34698	97.77	1.89	43.90	36.43	51.20
安徽	12432	97.63	3.02	32.50	32.18	54.30
福建	14116	97.50	2.77	39.20	32.04	51.60
江西	6481	98.91	4.04	33.50	33.09	54.60
山东	35813	98.49	3.54	38.30	32.58	52.90
河南	18328	98.55	3.89	29.70	26.82	57.30
湖北	10633	97.34	2.69	36.90	42.33	50.00
湖南	12477	98.62	4.14	38.30	32.50	47.60
广东	38305	97.63	2.40	45.30	40.08	49.70
广西	5046	95.40	2.69	34.10	26.12	48.40
海南	358	98.52	2.35	45.50	40.14	28.30
重庆	4778	97.36	2.58	36.20	38.26	55.40
四川	12085	97.69	2.69	33.40	34.20	52.50
贵州	2329	95.09	1.95	48.80	40.18	38.50
云南	2773	96.75	1.79	41.60	28.22	42.50
陕西	3684	96.52	1.85	34.80	27.58	55.40
甘肃	1371	95.48	2.19	39.10	35.87	47.40
青海	386	95.09	1.59	32.30	38.05	58.40
宁夏	764	95.90	1.73	41.00	33.33	50.20
新疆	1738	98.20	2.32	34.00	35.19	48.80

注：由于篇幅有限，仅将 2011 年区域竞争力评价的基础数据加入附录，2003—2010 年区域竞争评价的基础数据不再列入附录。

资料来源：根据《中国统计年鉴（2012）》数据计算整理而得。

2011 年全国 30 个省份区域竞争力评价基础数据（五）

地区	政府作用				科技与创新			
	就业调控能力（%）	物价调控能力（%）	城镇人均失业保险金（万元）	一般公共服务支出比例（%）	R&D 人员全时当量（人年）	R&D 经费（万元）	三种专利授权数（件）	技术市场成交额（万元）
北京	98.61	0.18	14.03	8.05	49829	1648538	40888	18902752
天津	96.40	0.21	5.25	6.56	47828	2107772	13982	1693819
河北	96.25	0.18	2.01	11.73	51498	1586189	11119	262471
山西	96.52	0.19	1.21	10.64	32476	895890.9	4974	224825
内蒙古	96.20	0.18	2.29	10.19	17645	701634.5	2262	226719
辽宁	96.32	0.19	2.00	10.63	47513	2747063	19176	1596633
吉林	96.30	0.19	1.19	10.51	17884	488722.8	4920	262614
黑龙江	95.90	0.17	0.80	9.18	39661	838042.3	12236	620682
上海	96.46	0.19	5.51	6.03	79147	3437627	47960	4807491
江苏	96.78	0.19	2.34	12.03	287447	8998944	199814	3334316
浙江	96.88	0.19	4.48	12.27	203904	4799069	130190	718968
安徽	96.26	0.18	0.97	10.46	56275	1628304	32681	650337
福建	96.31	0.19	1.77	11.26	75503	1943993	21857	345712
江西	97.02	0.19	0.84	10.18	23969	769834	5550	341861
山东	96.65	0.20	1.31	12.36	180832	7431254	58844	1263778
河南	96.65	0.18	1.02	13.16	93833	2137236	19259	387602
湖北	95.90	0.17	1.14	12.29	71281	2107553	19035	1256876
湖南	95.79	0.19	1.04	13.26	57478	1817773	16064	353901
广东	97.54	0.19	3.09	12.03	346260	8994412	128413	2750647
广西	96.54	0.17	1.14	12.66	20155	586791.3	4402	56377
海南	98.27	0.16	0.89	10.53	1587	57760.4	765	34584
重庆	96.50	0.19	1.08	8.74	27652	943974.8	15525	681453
四川	95.84	0.19	2.11	10.38	36839	1044666	28446	678330
贵州	96.37	0.19	3.17	13.66	9564	275217.2	3386	136483
云南	95.95	0.21	0.79	9.63	10335	299279.1	4199	117144
陕西	96.41	0.18	1.14	11.65	30829	966767.9	11662	2153664

续表

地区	政府作用				科技与创新			
	就业调控能力（%）	物价调控能力（%）	城镇人均失业保险金（万元）	一般公共服务支出比例（%）	R&D人员全时当量（人年）	R&D经费（万元）	三种专利授权数（件）	技术市场成交额（万元）
甘肃	96.89	0.17	2.21	9.77	9307	257916.4	2383	526386
青海	96.24	0.16	0.69	6.76	1833	81964.9	538	168443
宁夏	95.65	0.16	0.78	7.36	3967	118879.3	613	39447
新疆	96.78	0.17	3.99	10.74	6723	223351.5	2642	43783

注：由于篇幅有限，仅将2011年区域竞争力评价的基础数据加入附录，2003—2010年区域竞争评价的基础数据不再列入附录。

资料来源：根据《中国统计年鉴（2012）》数据计算整理而得。

2011 年全国 30 个省份区域竞争力评价基础数据（六）

地区	对外开放度				人民生活水平			
	商品进出口总额（亿元）	商品出口增长率（%）	外贸依存度	外资企业进出口额占进出口总额的比重（%）	城镇人均消费性支出（元）	农村生活消费支出（元）	城镇人均可支配收入（元）	农村人均纯收入（元）
北京	25160.64	6.42	1.55	19.71	21984.37	11077.66	32903.03	14735.68
天津	6676.86	18.67	0.59	68.81	18424.09	6725.42	26920.86	12321.22
河北	3461.97	26.66	0.14	37.73	11609.29	4711.16	18292.23	7119.69
山西	952.22	15.36	0.08	17.94	11354.3	4586.98	18123.87	5601.4
内蒙古	770.59	40.56	0.05	20.64	15878.07	5507.72	20407.57	6641.56
辽宁	6202.76	18.43	0.28	47.89	14789.61	5406.41	20466.84	8296.54
吉林	1424.87	11.66	0.13	41.67	13010.63	5305.75	17796.57	7509.95
黑龙江	2488.10	8.55	0.20	2.95	12054.19	5333.61	15696.18	7590.68

续表

地区	对外开放度				人民生活水平			
	商品进出口总额（亿元）	商品出口增长率（%）	外贸依存度	外资企业进出口额占进出口总额的比重（%）	城镇人均消费性支出（元）	农村生活消费支出（元）	城镇人均可支配收入（元）	农村人均纯收入（元）
上海	28260.39	16.03	1.47	66.81	25102.14	11049.32	36230.48	16053.79
江苏	34850.45	15.54	0.71	71.41	16781.74	8094.57	26340.73	10804.95
浙江	19982.09	19.88	0.62	34.88	20437.45	9965.08	30970.68	13070.69
安徽	2022.20	37.62	0.13	32.85	13181.46	4957.29	18606.13	6232.21
福建	9269.83	29.86	0.53	47.85	16661.05	6540.85	24907.4	8778.55
江西	2032.51	63.06	0.17	42.99	11747.21	4659.87	17494.87	6891.63
山东	15235.41	20.62	0.34	45.55	14560.67	5900.57	22791.84	8342.13
河南	2107.03	82.73	0.08	45.92	12336.47	4319.95	18194.8	6604.03
湖北	2169.31	35.26	0.11	41.98	13163.77	5010.74	18373.87	6897.92
湖南	1223.54	24.48	0.06	24.03	13402.87	5179.36	18844.05	6567.06
广东	58999.03	17.37	1.11	60.20	20251.82	6725.55	26897.48	9371.73
广西	1508.52	29.73	0.13	29.74	12848.37	4210.89	18854.06	5231.33
海南	823.89	9.54	0.33	78.88	12642.75	4166.13	18368.95	6446.01
重庆	1886.46	164.81	0.19	45.97	14974.49	4502.06	20249.7	6480.41
四川	3082.41	54.07	0.15	48.94	13696.3	4675.47	17899.12	6128.55
贵州	315.68	55.46	0.06	4.58	11352.88	3455.78	16495.01	4145.35
云南	1035.27	24.54	0.13	4.67	12248.03	3999.87	18575.62	4721.99
陕西	946.04	13.32	0.08	38.43	13782.75	4491.71	18245.23	5027.87
甘肃	563.76	31.81	0.11	1.59	11188.57	3664.91	14988.68	3909.37
青海	59.67	41.96	0.04	4.25	10955.46	4536.81	15603.31	4608.46
宁夏	147.63	36.70	0.07	17.54	12896.04	4726.64	17578.92	5409.95
新疆	1473.88	29.74	0.22	1.46	11839.4	4397.82	15513.62	5442.15

注：由于篇幅有限，仅将 2011 年区域竞争力评价的基础数据加入附录，2003—2010 年区域竞争评价的基础数据不再列入附录。

资料来源：根据《中国统计年鉴（2012）》数据计算整理而得。

2011 年全国 30 个省份区域竞争力评价基础数据（七）

地区	区域经济效益			
	人均地区生产总值（元）	居民最终消费支出（亿元）	社会消费品零售总额（亿元）	社会消费品零售总额增长率（%）
北京	81658	5525.00	6900.30	10.77
天津	85213	2736.72	3395.10	16.97
河北	33969	6892.66	8035.50	17.79
山西	31357	3492.53	3903.40	17.64
内蒙古	57974	3285.50	3991.70	17.96
辽宁	50760	6846.44	8095.30	17.53
吉林	38460	2970.81	4119.80	17.54
黑龙江	32819	4075.36	4750.10	17.60
上海	82560	8239.76	6814.80	12.26
江苏	62290	13534.19	15988.40	17.50
浙江	59249	11643.89	12028.00	17.40
安徽	25659	5995.11	4955.10	18.04
福建	47377	5544.31	6276.20	18.20
江西	26150	4261.66	3485.10	17.89
山东	47335	12999.98	17155.50	17.34
河南	28661	8617.90	9453.60	18.11
湖北	34197	6241.95	8275.20	17.98
湖南	29880	6942.88	6884.70	17.90
广东	50807	20504.11	20297.50	16.26
广西	25326	4248.30	3908.20	18.00
海南	28898	806.42	759.50	18.80
重庆	34500	3433.33	3487.80	18.69
四川	26133	7967.50	8044.60	18.13
贵州	16413	2566.78	1751.60	18.14
云南	19265	3821.44	3000.10	20.00
陕西	33464	3758.99	3790.00	18.60

续表

地区	区域经济效益			
	人均地区生产总值（元）	居民最终消费支出（亿元）	社会消费品零售总额（亿元）	社会消费品零售总额增长率（％）
甘肃	19595	1919.68	1648.00	18.18
青海	29522	494.77	410.50	17.01
宁夏	33043	695.83	477.60	18.33
新疆	30087	1954.33	1616.30	17.54

注：由于篇幅有限，仅将2011年区域竞争力评价的基础数据加入附录，2003—2010年区域竞争评价的基础数据不再列入附录。

资料来源：根据《中国统计年鉴（2012）》数据计算整理而得。

2011年全国30个省份区域竞争力二级指标得分

地区	基础设施	资本要素	劳动要素	自然资源	产业竞争力	政府作用	科技与创新	对外开放度	人民生活水平	区域经济效益
北京	0.7633	1.8659	2.2882	0.4992	3.3975	5.9493	4.0663	2.0658	3.9426	2.9155
天津	0.0000	1.5527	1.6081	0.0000	1.8182	4.6446	2.1152	2.4908	3.0128	1.9441
河北	1.2192	2.1507	2.2691	0.9836	1.0841	2.8791	0.4745	1.7223	1.8960	0.8707
山西	0.9433	1.5688	1.8342	0.7749	0.6852	3.3992	0.8734	1.1183	1.7706	0.7221
内蒙古	1.2010	0.9114	1.6314	1.9115	1.1102	3.1078	0.6968	1.4751	2.2075	1.0991
辽宁	0.1677	1.8962	2.2759	1.3864	1.5414	3.4905	0.9398	1.9255	2.2544	1.1925
吉林	0.3703	0.8686	1.7236	0.6250	1.3212	3.2828	0.7465	1.5760	2.0265	0.9983
黑龙江	0.6269	0.9846	1.9420	0.8880	1.0768	2.6121	0.2347	0.8057	1.9223	0.9268
上海	1.5108	1.9708	1.8983	0.4551	2.5012	4.3757	1.9928	3.1468	4.2747	3.1906
江苏	1.6248	3.4363	3.1100	0.5446	1.9687	3.4631	1.2940	3.0055	2.9541	1.9264
浙江	2.0435	2.6271	2.5215	0.4869	1.6334	3.7603	1.3596	2.2517	3.5961	2.5548
安徽	0.7313	1.3007	1.9515	0.6979	1.0608	2.9286	0.4900	1.7366	1.9460	0.8795
福建	2.0069	1.6933	2.0847	1.1786	1.2202	3.3083	0.7755	2.2271	2.6241	1.5355
江西	1.0751	1.2697	1.9111	0.9930	1.3786	3.5341	1.0782	2.2802	1.8571	0.8288
山东	1.0692	2.3742	3.0868	0.3058	1.7249	3.5597	0.9463	2.0754	2.3696	1.3107
河南	1.0408	1.6184	2.9973	0.1138	1.1834	2.8527	0.4271	2.5473	1.8560	0.7993

续表

地区	基础设施	资本要素	劳动要素	自然资源	产业竞争力	政府作用	科技与创新	对外开放度	人民生活水平	区域经济效益
湖北	0.7444	1.3267	2.3636	0.8098	1.3175	2.5148	0.0647	1.8824	1.9850	0.9330
湖南	1.3846	1.3765	2.5054	0.8839	1.6173	2.5985	0.0461	1.3503	2.0065	0.9454
广东	2.5740	2.7574	3.6044	1.0629	1.8260	3.8885	1.5194	3.3643	2.9093	1.7552
广西	1.2870	1.0839	2.1595	1.1587	0.5104	2.6234	0.2780	1.5645	1.8034	0.7068
海南	1.2626	0.8141	1.1859	1.2834	1.9203	3.2877	1.2113	2.3681	1.8509	0.7810
重庆	0.4277	1.0589	1.7739	0.5782	1.0508	3.4063	0.9432	3.6327	2.0537	0.9368
四川	1.8558	1.8151	2.6700	1.8293	1.1272	3.1544	0.6189	2.2902	1.9132	0.8326
贵州	1.7528	0.5886	1.4877	0.4399	1.1094	3.5081	0.9198	1.3357	1.5166	0.4258
云南	1.9246	0.9823	1.8088	0.8086	0.9739	3.5773	0.8638	0.9841	1.7141	0.6168
陕西	1.9563	1.6087	0.0799	1.6062	0.5592	2.8098	0.4113	1.4987	1.8409	0.7333
甘肃	1.2023	0.8430	1.6882	0.8608	0.7498	3.1493	0.9051	1.0050	1.4655	0.3877
青海	2.1382	0.0000	1.0287	2.2129	0.3046	2.6458	0.4328	1.1455	1.6029	0.5586
宁夏	0.3573	0.4535	0.7119	0.2090	0.7249	2.2380	0.0000	1.3614	1.8253	0.7507
新疆	1.4120	0.6457	1.2965	2.3458	1.1658	3.2452	1.0245	1.0390	1.6802	0.6307

　　注：由于篇幅有限，仅将2011年区域竞争力评价的二级指标得分加入附录，2003—2010年区域竞争评价的二级指标得分不再列入附录。

　　资料来源：根据《中国统计年鉴（2012）》数据计算整理而得。

2003—2011年全国30个省份区域竞争力评价结果

地区	2003年	2004年	2005年	2006年	2007年	2008年	2009年	2010年	2011年
北京	0.6385	0.6190	0.6402	0.6276	0.6264	0.5977	0.6396	0.6339	0.7232
天津	0.3564	0.3831	0.3865	0.3406	0.3935	0.3373	0.3491	0.3389	0.4433
河北	0.2519	0.2834	0.2636	0.2447	0.3384	0.2917	0.2441	0.2886	0.2913
山西	0.1809	0.2348	0.2580	0.2059	0.2531	0.2478	0.1758	0.2321	0.2458
内蒙古	0.2703	0.3258	0.3235	0.2954	0.3057	0.3287	0.3110	0.3746	0.3157
辽宁	0.3194	0.4207	0.3402	0.3595	0.4016	0.3867	0.3901	0.3869	0.3586
吉林	0.1848	0.2102	0.2169	0.1940	0.2222	0.2358	0.2188	0.2397	0.2528

续表

地区	2003 年	2004 年	2005 年	2006 年	2007 年	2008 年	2009 年	2010 年	2011 年
黑龙江	0.2583	0.2374	0.2283	0.2336	0.2753	0.2337	0.2024	0.2196	0.2049
上海	0.6553	0.6394	0.5927	0.5885	0.6085	0.6288	0.6177	0.5771	0.5720
江苏	0.4508	0.4967	0.5196	0.4939	0.5399	0.5134	0.5174	0.5483	0.5487
浙江	0.4251	0.4541	0.4656	0.4841	0.4518	0.4873	0.4565	0.4804	0.5427
安徽	0.1600	0.1608	0.1547	0.1760	0.2220	0.2216	0.1713	0.2031	0.2449
福建	0.2689	0.2818	0.2853	0.2933	0.2638	0.2978	0.2640	0.3119	0.4041
江西	0.1668	0.1856	0.1779	0.2090	0.2386	0.2218	0.1953	0.2147	0.3244
山东	0.3741	0.4020	0.4228	0.4252	0.4608	0.4323	0.4041	0.4462	0.3911
河南	0.2159	0.2298	0.2401	0.2315	0.2846	0.2678	0.2214	0.2701	0.2852
湖北	0.2036	0.2327	0.2068	0.2341	0.2751	0.2832	0.2136	0.2619	0.2534
湖南	0.2054	0.2406	0.2090	0.2197	0.2568	0.2533	0.1990	0.2607	0.2756
广东	0.6272	0.6296	0.6547	0.5960	0.6373	0.6136	0.5960	0.6258	0.5716
广西	0.1398	0.1480	0.1863	0.1384	0.1789	0.1723	0.1394	0.1978	0.2295
海南	0.1275	0.1165	0.1274	0.1293	0.2134	0.1659	0.1794	0.1809	0.3352
重庆	0.1715	0.1677	0.1710	0.1807	0.2186	0.2323	0.1860	0.2097	0.3270
四川	0.2081	0.2240	0.2192	0.2058	0.2824	0.3169	0.2635	0.2613	0.3655
贵州	0.0864	0.0796	0.0865	0.0613	0.1588	0.1318	0.1249	0.1654	0.2384
云南	0.1367	0.1288	0.1309	0.1109	0.1793	0.1439	0.1210	0.1853	0.2679
陕西	0.1777	0.1843	0.1886	0.1977	0.2270	0.2142	0.1827	0.2181	0.2603
甘肃	0.1424	0.1245	0.1363	0.1450	0.1706	0.1833	0.1338	0.1302	0.2104
青海	0.2863	0.2779	0.2848	0.2780	0.2226	0.2860	0.2990	0.2913	0.2449
宁夏	0.1514	0.1436	0.1451	0.1562	0.1412	0.1711	0.1338	0.1562	0.1100
新疆	0.3474	0.3314	0.3140	0.3424	0.3455	0.3439	0.2880	0.3241	0.2990
平均值	0.2730	0.2865	0.2859	0.2799	0.3131	0.3081	0.2813	0.3078	0.7232
最小值	0.0864	0.0796	0.0865	0.0613	0.1412	0.1318	0.1210	0.1302	0.4433
最大值	0.6553	0.6394	0.6547	0.6276	0.6373	0.6288	0.6396	0.6339	0.2913

资料来源：根据《中国统计年鉴（2004—2012）》数据计算整理而得。

1997—2011 年江苏省 13 个地区竞争力评价值

年份	1997	1998	1999	2000	2001	2002	2003	2004	2005	2006	2007	2008	2009	2010	2011
南京市	0.5932	0.8717	0.5939	0.8681	0.8641	0.6859	0.7202	0.8	0.8003	0.6639	0.6606	0.4793	0.5953	0.5902	0.5851
无锡市	0.4973	0.6467	0.4562	0.62	0.525	0.6275	0.6398	0.6489	0.6495	0.6258	0.6012	0.4641	0.614	0.5412	0.4684
徐州市	0.3439	0.3793	0.3766	0.4694	0.2791	0.3839	0.3277	0.3465	0.346	0.3226	0.347	0.2966	0.3568	0.3614	0.366
常州市	0.5279	0.4765	0.3733	0.455	0.3096	0.4166	0.4132	0.4357	0.436	0.4418	0.4543	0.4003	0.4704	0.4863	0.5022
苏州市	0.7842	0.7582	0.738	0.7212	0.5129	0.7189	0.7527	0.762	0.763	0.7991	0.7998	0.666	0.7677	0.7791	0.7805
南通市	0.5336	0.4286	0.2844	0.441	0.2913	0.3083	0.3389	0.3965	0.397	0.4213	0.4245	0.3164	0.3704	0.3709	0.3714
连云港市	0.2968	0.2299	0.3149	0.2702	0.2078	0.3037	0.1445	0.1796	0.1792	0.2551	0.2355	0.1716	0.1667	0.1371	0.1075
淮安市	0.1631	0.1611	0.3893	0.1875	0.1215	0.318	0.1334	0.1725	0.1722	0.1085	0.1191	0.2044	0.1048	0.1113	0.1178
盐城市	0.1828	0.2103	0.4297	0.1617	0.1406	0.3296	0.1718	0.1907	0.1912	0.1601	0.1733	0.3712	0.1654	0.1625	0.1596
扬州市	0.3368	0.394	0.2735	0.3461	0.2222	0.2714	0.2651	0.3087	0.3095	0.2997	0.3168	0.2674	0.3142	0.3288	0.3434
镇江市	0.3132	0.3663	0.4401	0.4446	0.3091	0.4023	0.4079	0.4091	0.4089	0.3362	0.3391	0.3029	0.3564	0.3217	0.287
泰州市	0.26	0.3013	0.3091	0.2786	0.2019	0.2791	0.2864	0.3462	0.3462	0.3326	0.3339	0.2894	0.3469	0.3288	0.3107
宿迁市	0.1164	0.1056	0.304	0.2257	0.18	0.2402	0.1975	0.1493	0.149	0.1879	0.1842	0.1932	0.1674	0.1411	0.1148
最小值	0.1164	0.1056	0.2735	0.1617	0.1215	0.2402	0.1334	0.1493	0.149	0.1085	0.1191	0.1716	0.1048	0.1113	0.5851
最大值	0.7842	0.8717	0.738	0.8681	0.8641	0.7189	0.7527	0.8000	0.8003	0.7991	0.7998	0.666	0.7677	0.7791	0.4151
市平均值	0.3807	0.4100	0.4064	0.4222	0.3204	0.4066	0.3692	0.3958	0.3960	0.3811	0.3838	0.3402	0.3690	0.3585	0.1800

资料来源：根据《江苏省统计年鉴（1998—2012）》数据计算整理而得。

1997—2011 年江苏省 13 个地区竞争力评价值排名

年份	1997	1998	1999	2000	2001	2002	2003	2004	2005	2006	2007	2008	2009	2010	2011
南京市	2	1	2	1	1	2	2	1	1	2	2	2	3	2	2
无锡市	5	3	3	3	2	3	3	3	3	3	3	3	2	3	4
徐州市	6	7	7	4	7	6	7	7	8	8	6	8	6	6	6
常州市	4	4	8	5	4	4	4	4	4	4	4	4	4	4	3
苏州市	1	2	1	2	3	1	1	2	2	1	1	1	1	1	1
南通市	3	5	12	7	6	9	6	6	6	5	5	6	5	5	5
连云港市	9	10	9	10	9	10	12	11	11	10	10	13	11	12	13
淮安市	12	12	6	12	13	8	13	12	12	13	13	11	13	13	11
盐城市	11	11	5	13	12	7	11	10	10	12	12	5	12	10	10
扬州市	7	6	13	8	8	12	9	9	9	9	9	10	9	7	7
镇江市	8	8	4	6	5	5	5	5	5	6	7	7	7	9	9
泰州市	10	9	10	9	10	11	8	8	7	7	8	9	8	8	8
宿迁市	13	13	11	11	11	13	10	13	13	11	11	12	10	11	12

资料来源：根据《江苏省统计年鉴（1998—2012）》数据计算整理而得。

参考文献

中文参考文献

[1] 阿尔弗雷德·韦伯:《工业区位论》,李刚剑等译,商务印书馆 2010 年版。

[2] 毕红毅、孙天乐:《FDI 与山东省制造业产业集聚关系的实证分析》,《经济与管理评论》2012 年第 6 期。

[3] 陈继祥:《产业集聚与复杂性》,上海财经大学出版社 2005 年版。

[4] 陈健:《集聚效应、路径依赖和外商投资分布演化:基于江苏省装备制造业跨国公司的考察》,《世界经济研究》2008 年第 8 期。

[5] 陈景辉、邱国栋:《跨国公司与产业集群的"双向嵌入观"》,《经济管理》2008 年第 11 期。

[6] 陈景辉、王玉荣:《跨国公司嵌入与我国开发区产业集聚的实证研究》,《国际贸易问题》2009 年第 4 期。

[7] 陈景辉、于成学:《跨国公司嵌入与区域产业集聚战略——以英特尔大连投资为例》,《内蒙古大学学报》(哲学社会科学版)2010 年第 4 期。

[8] 陈景辉:《跨国公司投资与产业集聚动态演进机制》,《大连民族学院学报》2009 年第 2 期。

[9] 陈景辉:《基于跨国公司嵌入的开发区产业集聚模式研究》,《特区经济》2010 年第 4 期。

[10] 陈守明:《跨国公司主导型产业集群特征分析——上海安亭案

例》，《科技进步与对策》2010 年第 7 期。

[11] 程培堽、刘郁葱：《外商直接投资产业聚集和区域经济发展——来自苏州工业园区的经验证据》，《生产力研究》2008 年第 4 期。

[12] 崔新健、吉生保、郭子枫：《跨国公司在华研发投资的行业决定因素——基于中国规模以上工业企业面板数据的实证研究》，《科学学与科学技术管理》2011 年第 6 期。

[13] 戴宏伟、刘敏：《京津冀与长三角区域竞争力的比较分析》，《财贸经济》2010 年第 1 期。

[14] 范飞龙：《跨国公司投资对中国经济的溢出效应——上海市的实证研究》，《财贸经济》2005 年第 4 期。

[15] 盖文启、朱华晨：《产业的柔性集聚及其区域竞争力》，《经济理论与经济管理》2001 年第 10 期。

[16] 盖骁敏、姚晓璠：《外商投资与山东省制造业产业集聚研究》，《山东社会科学》2011 年第 8 期。

[17] 盖骁敏：《外商直接投资分布与我国制造业产业集聚的关系分析》，《经济纵横》2012 年第 4 期。

[18] 高铁梅：《经济计量分析方法与建模：Eviews 应用及实例》，清华大学出版社 2009 年版。

[19] 高秀娟、崔新健：《跨国公司对我省区科技竞争力的作用效果分析》，《中央财经大学学报》2008 年第 5 期。

[20] 顾强：《促进我国地方产业集聚在全球价值链中加速升级》，《宏观经济研究》2007 年第 4 期。

[21] 郭毓峰：《利用外商直接投资推动我国产业结构优化》，《经济与管理》2009 年第 2 期。

[22] 韩文海：《跨国公司主导型产业集聚内部竞合关系演进》，《沈阳工业大学学报》（社会科学版）2012 年第 7 期。

[23] 韩延玲：《新疆区域竞争力组合评价研究》，《新疆财经大学学报》2012 年第 3 期。

［24］郝寿义、倪鹏飞：《中国城市竞争力研究——以若干城市为例》，《经济科学》1998 年第 3 期。

［25］纪玉俊、王培顺：《中国制造业的空间集聚及其影响因素分析》，《经济与管理》2012 年第 3 期。

［26］江曼琦、张志强：《产业空间集中影响因素探究——基于天津滨海新区制造业 32 个产业的面板数据分析》，《南开经济研究》2008 年第 1 期。

［27］江曼琦：《从聚集经济利益谈我国城乡经济发展问题》，《学习与探索》2006 年第 6 期。

［28］矫萍、姜明辉、叶婉婧：《长三角资本密集型制造业集聚与 FDI 的互动关系研究》，《工业技术经济》2012 年第 7 期。

［29］金煜、陈钊、陆铭：《中国的地区工业集聚：经济地理、新经济地理与经济政策》，《经济研究》2006 年第 4 期。

［30］雷鹏：《产业集聚与工业园区发展研究》，东南大学出版社 2009 年版。

［31］李安方：《跨国公司在华投资与中国外向型产业集群的发展》，《世界经济研究》2008 年第 12 期。

［32］李宝新：《地区竞争力评价指标体系设计研究》，《山西财经大学学报》2001 年第 10 期。

［33］李大鹏、罗士菊：《我国东中西部地区的 FDI 与产业集群的关系分析》，《当代经济》2008 年第 1 期。

［34］李晗斌：《FDI 对中国工业集聚的影响研究》，博士学位论文，吉林大学，2011 年。

［35］李娟、王菲：《外商直接投资与产业集聚的形成——基于中国的实证分析》，《经济经纬》2011 年第 5 期。

［36］梁琦、吴俊：《财政转移与产业集聚》，《经济学》（季刊）2008 年第 4 期。

［37］梁琦：《中国工业的区位基尼系数——兼论外商直接投资对制造业集聚的影响》，《统计研究》2003 年第 9 期。

［38］林绍贵：《试论产业集群对区域竞争力的提升及发展途径》，《特区经济》2010 年第 4 期。

［39］林欣美等：《产业集群理论研究述评及研究展望》，《经济管理》2011 年第 10 期。

［40］刘志彪：《国际外包视角下中国产业升级问题的思考》，《中国经济问题》2009 年第 9 期。

［41］马歇尔：《经济学原理》，刘生龙译，中国社会科学出版社 2008 年版。

［42］迈克尔·波特：《国家竞争优势》，李明轩译，中信出版社 2012 年版。

［43］迈克尔·波特：《竞争论》，高登第、李明轩译，中信出版社 2012 年版。

［44］梅鹏远：《苏州工业园区吸引外商直接投资的现状研究》，《山西财经大学学报》2008 年第 1 期。

［45］孟令岩：《FDI 与产业集聚的相关性及其对中西部地区产业集群发展的启示》，《价格月刊》2012 年第 7 期。

［46］彭湘君：《西永综合保税区产业集群与区域竞争力提升的实证研究》，《科技进步与对策》2011 年第 9 期。

［47］彭向、蒋传海：《技术外溢、策略性选址与产业集聚》，《财经研究》2009 年第 10 期。

［48］邱国栋、陈景辉：《跨国公司在中国沿海开发区的嵌入性研究》，《财经问题研究》2010 年第 9 期。

［49］邱国栋、黄海鹰：《基于跨国公司嵌入的大连 IC 产业集群竞争力提升路径》，《大连海事大学学报》（社会科学版）2009 年第 10 期。

［50］任胜钢、李燚：《集群形成与发展中跨国公司的正负面影响及实证分析》，《研究与发展管理》2005 年第 4 期。

［51］任胜钢：《苏州产业集群与跨国公司互动关系的实证分析》，《中国软科学》2005 年第 1 期。

［52］任胜钢：《产业集聚：跨国公司的视角》，《学术月刊》2004年第 9 期。

［53］上官飞、舒长江：《中部省份区域竞争力的因子分析与评价》，《统计与决策》2011 年第 9 期。

［54］邵继勇：《中小企业集群与经济发展》，科学出版社 2007年版。

［55］石斌：《南京市产业集聚与区域经济竞争力的互动关系研究》，博士学位论文，南京航空航天大学，2010 年。

［56］孙慧、周好杰：《产业集聚水平测度方法综述》，《科技管理研究》2009 年第 5 期。

［57］孙亚南：《简单扎堆、技术嵌入到产业集聚》，《南京社会科学》2012 年第 9 期。

［58］唐昭霞：《西部地区培育产业集群提升区域竞争力的研究》，《生产力研究》2011 年第 11 期。

［59］陶凌云：《FDI 的产业效益研究》，博士学位论文，苏州大学，2010 年。

［60］陶珠：《外商直接投资对江苏技术进步影响的实证分析》，《江苏科技大学学报》（社会科学版）2010 年第 9 期。

［61］万军：《跨国公司投资与国内资本形成关系研究——基于长江三角洲地区的研究》，《北京工商大学学报》（社会科学版）2007 年第 6 期。

［62］王秉安、陈振华等：《区域竞争力理论与实证》，航空工业出版社 2000 年版。

［63］王秉安：《区域竞争力研究系列之一——区域竞争力理论与实证》，航空工业出版社 2000 年版。

［64］王发明：《产业集群与跨国公司 FDI——来自浙江、广东、北京、江苏、上海五省市的比较研究》，《华东经济管理》2009年第 10 期。

［65］王缉慈：《创新的空间——企业集群与区域发展》，北京大学

出版社 2001 年版。

[66] 王缉慈：《关于发展创新型产业集群的政策建议》，《经济地理》2004 年第 4 期。

[67] 魏江：《小企业集群创新网络的知识溢出效应分析》，《科研管理》2003 年第 4 期。

[68] 魏守华、吴贵生、吕新雷：《区域创新能力的影响因素——兼评我国创新能力的地区差距》，《中国软科学》2010 年第 9 期。

[69] 吴丹丹、谢建国：《FDI 对产业集群作用的实证研究——以江苏省制造业产业集群为例》，《世界经济研究》2007 年第 6 期。

[70] 吴利学、魏后凯：《产业集聚研究的最新进展及理论前沿》，《上海行政学院学报》2004 年第 5 期。

[71] 冼国明、文伟东：《FDI、地区专业化与产业集聚》，《管理世界》2006 年第 12 期。

[72] 谢里、曹清峰：《FDI 渗透与产业集聚——中国制造业行业差异研究》，《山西财经大学学报》2012 年第 4 期。

[73] 熊永芳、吴莉云：《江浙两省 FDI 与高技术产业集聚互动关系的比较研究》，《北方经济》2010 年第 12 期。

[74] 徐康宁、王剑：《外商直接投资地理性聚集的国（地区）别效应：江苏例证》，《经济学》（季刊）2006 年第 5 期。

[75] 徐康宁：《开放经济中的产业集群与竞争力》，《中国工业经济》2001 年第 11 期。

[76] 徐顺志：《产业集聚与区域经济竞争力灰色关联度研究》，《中国管理信息化》2009 年第 3 期。

[77] 徐晓丹：《东北三省制造业集聚研究》，博士学位论文，东北师范大学，2011 年。

[78] 亚当·斯密：《国民财富的性质和原因的研究》，郭大力、王亚南译，商务印书馆 2008 年版。

[79] 杨洪焦、孙林岩、吴安波：《中国制造业聚集度的变动趋势及其影响因素研究》，《中国工业经济》2008 年第 4 期。

[80] 姚利民：《长三角地区跨国公司投资的影响研究》，科学出版社 2007 年版。

[81] 易先桥：《跨国公司与产业集聚》，博士学位论文，中南财经政法大学，2006 年。

[82] 于铭、韩雪峰：《外商直接投资对中国工业集聚形成的实证分析》，《经济与管理》2009 年第 7 期。

[83] 张春野、赵强：《产业集聚与区域竞争力的作用机理研究》，《经济师》2011 年第 2 期。

[84] 张会清、王剑：《企业规模、市场能力与 FDI 地区集聚》，《管理世界》2011 年第 1 期。

[85] 张廷海：《跨国公司 FDI 的区位选择与空间集聚——基于东道国产业集群竞争的博弈分析》，《财贸研究》2009 年第 4 期。

[86] 张为付、吴进红：《区域综合竞争力评估体系研究——以长三角、珠三角、京津地区为例》，《南京社会科学》2002 年第 5 期。

[87] 张晔、梅丽霞：《网络嵌入、FDI 主导型集群与本土企业发展：以苏州地区自行车集群为例》，《中国工业经济》2008 年第 2 期。

[88] 张宇、蒋殿春：《FDI、产业集聚及产业技术进步》，《财经研究》2008 年第 1 期。

[89] 张宗庆、张寅：《产业集聚、知识溢出与区域增长——基于长三角地区的实证研究》，《东南大学学报》2012 年第 1 期。

[90] 赵伟、张萃：《FDI 与中国制造业区域集聚：基于 20 个行业的实证分析》，《经济研究》2007 年第 11 期。

[91] 赵修卫：《关于发展区域核心竞争力的探讨》，《中国软科学》2001 年第 10 期。

[92] 郑江淮、高彦彦、胡小文：《企业扎堆、技术升级与经济绩

效——开发区集聚效应的实证分析》,《经济研究》2008 年第
5 期。

[93] 郑敏、周继慧:《长江三角洲区域制造业产业集聚影响因素探
究》,《价格月刊》2011 年第 7 期。

[94] 周宏燕、谷祖莎:《跨国公司与产业集群双嵌入:地方产业集
群升级的有效路径》,《学术论坛》2012 年第 11 期。

英文参考文献

[1] Asheim, B., Cooke, P., Martin, R.. *The Rise of the Cluster
Concept in Regional Analysis and Policy: A Critical Assessment*,
London: Routledge, 2006, p. 223.

[2] Adriana Reveiu and Marian Dardala, The Influence of Cluster Type
Economic Agglomerations on the Entrepreneurship in Roma-
nia. *Theoretical and Applied Economics*, Vol. 12. No. 577, June
2012, pp. 111 – 124.

[3] Alan M. Rugman and Alain Verbeke, Multinational Enterprises and
Clusters: An Organizing Framework, *MIR: Management Interna-
tional Review*, Vol. 43. No. 3, June 2003, pp. 151 – 169.

[4] Alan M. Rugman and Chang Hoon Oh and Dominic S. K. Lim, The
Regional and Global Competitiveness of Multinational Firms, *Jour-
nal of the Academy of Marketing Science*, Vol. 12, No. 40, July
2012, pp. 218 – 235.

[5] Amiti, M. and Javorcik, B. S, Trade Costs and Location of Foreign
Firms in China, *Journal of Development Economics*, Vol. 1,
No. 85, June 2008, pp. 129 – 149.

[6] Andrew Crawley, Malcolm Beynon and Max Munday, Making Loca-
tion Quotients More Relevant as a Policy Aid in Regional Spatial A-
nalysis, *Urban Studies*, Vol. 1, No. 85, Feb. 2012, pp. 1 – 16.

[7] Anthony J. Venables, Equilibrium Locations of Vertically Linked In-
dustries, *International Economic Review*, Vol. 37, No. 2, June

1996, pp. 341 – 359.

[8] Arikan, Interfirm Knowledge Exchanges and the Knowledge Creation Capability of Clusters, *The Academy of Management Review*, Vol. 34, No. 4, June 2009, pp. 100 – 117.

[9] Audretsch, D. B., Agglomeration and the Location of Economic Activity, Discussion Paper Series (Industrial Organization), 1974, p23.

[10] Birkinshaw, J. Hood, N., Characteristics of Foreign Subsidiaries in Industry Clusters, *Journal of International Business Studies*, Vol. 31, No. 1, June 2000, pp. 141 – 154.

[11] Birkinshaw, J. Solvell, O., Leading – edge Multinationals and Leading – edge Cluster, *International Studies of Management and Organization*, Vol. 32, No. 2, June 2000, pp. 3 – 9.

[12] Boix, R. and Galletto, V., Innovation and Industrial Districts: A First Approach to the Measurement and Determinants of the I – district Effect, *Regional Studies*, Vol. 43, No. 9, June 2009, pp. 1117 – 1133.

[13] Canfei He and Junsong Wang, Geographical Agglomeration and Co – agglomeration of Foreign and Domestic Enterprises: a Case Study of Chinese Manufacturing Industries, *Post – Communist Economies*, Vol. 22, No. 3, June 2010, pp. 323 – 343.

[14] Cantwell, J., A Survey of Theories of International Production. in C. N. Pitelis and R. Sugden (eds), London: The Nature of the Transnational Firm, 2000, pp. 10 – 56.

[15] Cantwell, J. and Mudambi, R., Physical Attraction and the Geography of Knowledge Sourcing in Multinational Enterprises, *Global Strategy Journal*, Vol. 1, No. 3, Oct. 2011, pp. 10 – 18.

[16] Carroll, M., Reid, N. and Smith, B., Location Quotients versus Spatial Autocorrelation in Identifying Potential Cluster Regions,

Annals of Regional Science, Vol. 42, No. 3, Sep. 2008, pp. 449 – 463.

[17] Cheng L. K. , Kwan Y. K. , What Are the Determinants of the Location of Foreign Direct Investment? The Chinese Experience, *Journal of International Economics*, Vol. 51, No. 2, June 2000, pp. 379 –400.

[18] Cheng, S. , Structure of Firm Location Choices: an Examination of Japanese Greenfield Investment in China, *Asian Economic Journal*, Vol. 21, No. 1, June 2007, pp. 47 –73.

[19] Chiang, S. , Location Quotient and Trade, *Annals of Regional Science*, Vol. 43, No. 2, Sep. 2009, pp. 399 –414.

[20] Chiara Franco and Kornelia Kozovska, Mutual Productivity Spillovers and Clusters in Eastern Europe: Some Empirical Evidence, *Asian Economic Journal*, Vol. 13, No. 1, Sep. 2008, pp. 12 –21.

[21] Christian H. M. Ketels, Michael Porter's Competitiveness Framework—Recent Learnings and New Research Priorities, *J Ind Compet Trade*, Vol. 43, No. 6, June 2006, pp. 115 –136.

[22] Christian H. M. Ketels, From Clusters to Cluster – based Economic Development, *Innovation and Development*, Vol. 1, No. 3, June 2008, pp. 375 –392.

[23] Christos N. Pitelis, The Sustainable Competitive Advantage and Catching – up of Nations: FDI, Clusters and the Liability (Asset) of Smallness, *Management International Review*, Vol. 49, No. 9, Feb. 2009, pp. 95 –120.

[24] Christos N. Pitelis and David J, Teece. Cross – border Market Co – creation, Dynamic Capabilities and the Entrepreneurial Theory of the Multinational Enterprise, *Industrial and Corporate Change*, Vol. 19, No. 4, June 2010, pp. 1247 –1270.

[25] Chung, W. and Song, J. , Sequential Investment, Firm Motives

and Agglomeration of Japanese Electronics Firms in the United States, *Journal of Economics & Management Strategy*, Vol. 13, No. 3, July 2004, pp. 539 – 560.

[26] Cowan, R. and Jonard, N., Knowledge Portfolios and the Organization of Innovation Networks, *Academy of Management Review*, Vol. 34, No. 2, June 2009, pp. 100 – 119.

[27] Crawley, A. and Pickernell, D., An Appraisal of the European Cluster Observatory, *European Urban and Regional Studies*, Vol. 19, No. 2, Sep. 2012, pp. 207 – 211.

[28] David B. Audretsch and Maryann P., Feldman. R&D Spillovers and the Geography of Innovation and Production, *The American Economic Review*, Vol. 86, No. 3, Feb. 1996, pp. 630 – 640.

[29] David B. Audretsch, Agglomeration and The Location of Innovative Activity, *Oxford Review of Economic Policy*, Vol. 14, No. 2, June. 1998, pp. 100 – 117.

[30] Dunning, J., Alliance Capitalism and Global Business, London: Routledge, 1997, pp. 112 – 123.

[31] Dunning, J., Location and the Multinational Enterprise: a Neglected Factor? *Journal of International Business Studies*, Vol. 29, No. 1, Sep. 1998, pp. 45 – 66.

[32] Dunning, J., Multinational Enterprises and the Global Economy, New York: Addison – Wesley, 1993, pp. 231 – 243.

[33] Duranton, G. and D. Puga, Nursery Cities. *American Economic Review*, Vol. 91, No. 5, Feb. 2001, pp. 1454 – 1477.

[34] EC. *Sixth Periodic Report on the Social and Economic Situation and Development of Regions of the European Union*, Luxemburg: Office for Official Publications of the European Communities, 1999, p. 242.

[35] Ellison, G. and Glaeser, E. L., Geographic Concentration in US

Manufacturing Industries: A Dartboard Approach, *Journal of Political Economy*, Vol. 105, No. 5, Oct. 1997, pp. 889 – 927.

[36] Enright, M. J., Regional Clusters and Multinational Enterprises, Independence, Dependence, or Interdependence, *International Studies of Management and Organization*, Vol. 30, No. 9, June 2000, pp. 114 – 138.

[37] Enright, M. J., The Globalization of Competition and the Localization of Competitive Advantage: Policies Towards Regional Clustering, in Hood, N. Young S., The Globalization of Multinational Enterprise Activity and Economic Development, London: Macmillan, 1999, pp. 223 – 254.

[38] Enright, M. J., Regional Clusters and Economic Development: A Research Agenda in Staber, U., Schaefer, N. and Sharma, B. editors, Business Networks: Prospects for Regional Development, New York: De Gruyter, Vol. 43, No. 9, Sep. 1996, pp. 190 – 214.

[39] Feldman, M. P., and Francis, J. L., Homegrown Solutions: Fostering Cluster Formation, *Economic Development Quarterly*, Vol. 18, No. 4, June 2004, pp. 127 – 137.

[40] Feldman, Maryann P. and Florida, Richard., The Geographic Sources of Innovation: Technological Infrastructure and Product Innovation in the United States, *Annals of the Association of American Geographers*, Vol. 84, No. 2, June. 1994, pp. 210 – 229.

[41] Feldman, Maryann P., Knowledge Complementarity and Innovation. *Small Business Economics*, Vol. 6, No. 5, Feb. 1994, pp. 363 – 372.

[42] Feser, E. and Isserman, M., The Rural Role in National Value Chains, *Regional Studies*, Vol. 43, No. 1, Sep. 2009, pp. 89 – 109.

[43] Filip De Beule, Ilke Van Beveren, Does Firm Agglomeration

Drive Product Innovation And Renewal? An Application For Belgium, *Journal of Economic and Geography*, Vol. 103, No. 4, June 2012, pp. 457 – 472.

[44] Fujita Masahisa and Dapeng Hu, Regional Disparity in China 1985 – 1994: the Effects of Globalization and Economic Liberalization, *Annals of Regional Science*, Vol. 35, No. 9, June 2001, pp. 3 – 37.

[45] Ge, Y., Globalization and Industrial Agglomeration in China, *World Development*, Vol. 37, No. 3, Oct. 2009, pp. 550 – 559.

[46] Greenstone, M., Hornbeck, R., and Enrico Moretti, E., Identifying Agglomeration Spillovers: Evidence from Winners and Losers of Large Plant Openings, *The Journal of Political Economy*, Vol. 118, No. 3, Sep. 2010, pp. 536 – 598.

[47] He, C., Wei, Y. and Xie, X., Globalization, Institutional Change and Industrial Location: Economic Transition and Industrial Concentration in China, *Regional Studies*, Vol. 42, No. 7, June 2008, pp. 923 – 945.

[48] He, C., Information Costs, Agglomeration Economies and the Location of Foreign Direct Investment in China, *Regional Studies*, Vol. 36, No. 9, June 2009, pp. 1029 – 1036.

[49] He, C., Location of Foreign Manufacturers in China: Agglomeration Economies and Country of Origin Effects, Papers in Regional Sciences, Vol. 82, No. 3, Sep. 2003, pp. 351 – 372.

[50] Hilal Erkus – Ozturk, The Role of Cluster Types and Firm Size in Designing the Level of Network Relations: The Experience of the Antalya Tourism Region, *Tourism Management*, Vol. 30, No. 9, Feb. 2009, pp. 589 – 597.

[51] Hirschman, Albert O., The Strategy of Economic Development, 1988, pp. 223 – 245.

[52] Hood, N. Young, S., *The Globalization of Multinational Enter-*

prise Activity and Economic Development, London： Macmillan, 1999, pp. 189 – 221.

[53] Hyeock Lee, Cluster Formation by Foreign Firms in Emerging E-conomies and International Joint Ventures： A Game – Theoretic Approach, *International Regional Science Review*, Vol. 35, No. 2, July 2012, pp. 211 – 236.

[54] Jacobs, Dany, De Man, Ard – Pieter, Clusters, Industrial Policy and Firm Strategy： A Menu Approach, *Technology Analysis and Strategic Management*, Vol. 8, No. 4, June 1996, p. 425.

[55] Jakub Soviar, Cluster Initiatives In Žilina Region (Slovak Republic), *Economics and Management*, Vol. 14, No. 9, June 2009, pp. 528 – 534.

[56] James R. Markusen, Anthony J. , Venables, Foreign Direct Investment as a Catalyst for Industrial Development, *European Economic Review*, Vol. 43, No. 3, June 1999, pp. 335 – 356.

[57] Jiang He, M. Hosein Fallah, The Typology of Technology Clusters and its Evolution – Evidence from the Hi – tech Industries, *Technological Forecasting and Social Change*, Vol. 78, No. 9, Oct. 2011, pp. 945 – 952.

[58] Jing Sun, Analysis on Influence and Inspiration of the Localization Strategy of Multinational Corporations in China, *Business Management and Strategy*, Vol. 3, No. 1, June 2012, p. 112.

[59] Jose – Luis Herva's – Oliver and Jose' Albors – Garrigo's, Local Knowledge Domains and the Role of MNE Affiliates in Bridging and Complementing a Cluster's Knowledge, *Entrepreneurship and Regional Development*, Vol. 20, No. 5, Sep. 2008, pp. 581 – 598.

[60] Julian Birkinshaw, Neil Hood and Stefan Jonsson. Building firm – specific Advantages in Multinational Corporations： the Role of Subsidiary Initiative, *Strategic Management Journal*, Vol. 19, No. 4,

June 1998, pp. 221 – 241.

[61] Jurgita Bruneckiene, Andrius Guzavicius, Renata Cincikaite, Measurement of Urban Competitiveness in Lithuania, *Inzinerine Ekonomika – Engineering Economics*, Vol. 21, No. 5, Feb. 2010, pp. 493 – 508.

[62] Kamarulzaman Ab. Aziz and Mariati Norhashim, Cluster – Based Policy Making: Assessing Performance and Sustaining Competitiveness, *Review of Policy Research*, Vol. 25, No. 4, June 2008, pp. 132 – 156.

[63] Kresl, P. K., Planning Cities for the Future—the Successes and Failures of Urban Economic, *Edward Elgar Publishing*, Vol. 43, No. 9, June 2007, p. 171.

[64] Krugman, Paul, *Geography and Drade*, Cambridge, Massachusetts: MIT Press, 1991.

[65] Krugman, Paul, History versus Expectations, *Quarterly Journal of Economics*, Vol. 106, No. 2, June. 1991, pp. 651 – 667.

[66] Krugman, Paul, Increasing Returns and Economic Geography, *Journal of Political Economy*, Vol. 99, No. 3, Sep. 1991, pp. 483 – 499.

[67] Kuei – Hsien Niu, Grant Miles, Chung – Shing Lee, Strategic Development of Network Clusters: A study of High Technology Regional Development and Global Competitiveness, *Competitiveness Review: An International Business Journal Incorporating Journal of Global Competitiveness*, Vol. 18, No. 3, June. 2008, pp. 176 – 191.

[68] Laura Bottazzi and Giovanni Peri, Innovation and Spillovers in Regions: Evidence from European Patent Data, *European Economic Review*, Vol. 47, No. 9, June 2003, pp. 687 – 710.

[69] Liu, Z., Foreign Direct Investment and Technology Spillovers: Theory and Evidence, *Journal of Development Economics*,

Vol. 85, No. 9, Feb. 2008, pp. 176 – 193.

[70] Lu, J. and Tao, Z. , Trends and Determinants of China's Industrial Agglomeration, *Journal of Urban Economics*, Vol. 65, No. 1, July 2009, pp. 167 – 180.

[71] Luciano Ciravegna, FDI, Social Ties and Technological Learning in New Silicon Valley Clones. Evidence from the Costa Rican ICT Cluster, *Journal of Development Studies*, Vol. 47, No. 8, June 2011, pp. 1178 – 1198.

[72] M. Fujita, P. R. Krugman, A. J. Venables, The Spatial Economy: Cities, Eegions and International Trade, Cambridge, Massachusetts: MIT Press, 1999, pp. 125 – 145.

[73] María Isabel Rivera Vargas, Government Influence and Foreign Direct Investment: Organizational Learning in an Electronics Cluster, *Critical Sociology*, Vol. 36, No. 4, Oct. 2010, pp. 537 – 553.

[74] Mariotti S. , Mutinelli M. and Piscitello L. , The Internationalization of Production by Italian Industrial Districts' Firms: Structural and Behavioural Determinants, *Regional Studies*, Vol. 42, No. 9, Sep. 2008, pp. 719 – 735.

[75] Markusen, R. , J. , Venables, A. , The Theory of Endowment, Iintra – Industry and Multinational Trade, *Journal of International Economics*, Vol. 52, No. 6, June 2000, pp. 209 – 234.

[76] Markusen, R, J. , Venables, A. , Multinational Firms and the New Trade Theory, *Journal of International Economics*, Vol. 46, No. 2, Feb. 1998, pp. 183 – 204.

[77] Marshall, A. , Principles of Economics, London: Macmillan, 1920, p. 114.

[78] Martin, R. and Sunley, P. , B. , Deconstructing Clusters—Chaotic Concept or Policy Panacea, *Journal of Economic Geography*, Vol. 3, No. 9, June 2003, pp. 3 – 35.

[79] Maryann P. Feldman, Johanna Francis and Janet Bercovitz, Creating a Cluster While Building a Firm: Entrepreneurs and the Formation of Industrial Clusters, *Regional Studies*, Vol. 39, No. 1, June 2005, pp. 129 – 141.

[80] Megha Mukim, Does agglomeration Boost Innovation? An Econometric Evaluation, *Spatial Economic Analysis*, Vol. 7, No. 3, June. 2012, pp. 100 – 120.

[81] Michael Kitson, Ron Martin and Peter Tyler, Regional Competitiveness: An Elusive yet Key Concept? *Regional Studies*, Vol. 38, No. 9, June 2004, pp. 991 – 999.

[82] Mihaela (Dan) Prejmerea, The Necessity of Clusters for Modern Management, *Review of International Comparative Management*, Vol. 13, No. 5, Oct. 2012, pp. 100 – 118.

[83] Mihaela – Cornelia Dan, Innovative Clusters: a Solution for the Economic Development of Romania, *Theoretical and Applied Economics*, Vol. 9, No. 12, June 2012, pp. 5 – 16.

[84] OECD, Competitive Cities in the Global Economy, *OECD Publications*, 2006, p. 450.

[85] Oliver Falck, Stephan Heblich, Stefan Kipar, Industrial innovation: Direct evidence from a cluster – oriented policy, *Regional Science and Urban Economics*, Vol. 40, No. 9, June 2010, pp. 574 – 582.

[86] Padilla – Perez R., A Regional Approach to Study Technology Transfer through Foreign Direct Investment: The Electronics Industry in two Mexican Regions, *Research Policy*, Vol. 37, No. 4, Sep. 2008, pp. 849 – 860.

[87] Park, J., Lee, H. and Park, Y., Disembodied Knowledge Flows among Industrial Clusters: a Patent Analysis of the Korean Manufacturing Sector, *Technology in Society*, Vol. 31, No. 3, Feb. 2009, pp. 100 – 120.

[88] Paul Almeida and Bruce Kogut. , Localization of Knowledge and the Mobility of Engineers in Regional Networks, *Management Science*, Vol. 45, No. 7, June 1999, pp. 905 – 917.

[89] Paul Krugman, History and Industry Location: The Case of the Manufacturing Belt, *The American Economist*, Vol. 81, No. 2, June 1991, pp. 100 – 105.

[90] Pavlos Dimitratosa, Ioanna Lioukab, Duncan Rossc and Stephen Young, The Multinational Enterprise and Subsidiary Evolution: Scotland Since 1945, *Business History*, Vol. 51, No. 3, Sep. 2009, pp. 401 – 425.

[91] Peter Debaere, Joonhyung Lee, Myungho Paik, Agglomeration, Backward and Forward Linkages: Evidence from South Korean Investment in China, *Canadian Journal of Economics*, Vol. 43, No. 2, June 2010, pp. 100 – 105.

[92] Peters E, Hood N. , Implementing the Cluster Approach: Some Lessons from the Scottish Experience, *International Studies of Management and Organization*, Vol. 30, No. 2, Sep. 2000, pp. 68 – 94.

[93] Philippe Martin and Gianmarco I. P. Ottaviano, Growth and Agglomeration, *International Economic Review*, Vol. 42, No. 4, June 2001, pp. 947 – 968.

[94] Porter, M. E. , Clusters and the New Economics of Competition, *Harvard Business Review*, Vol. 76, No. 6, Feb. 1998, pp. 77 – 90.

[95] Porter, M. E. Location, Competition and Economic Development: Local Clusters in a Global Economy, *Economic Development Quarterly*, Vol. 14, No. 9, June 2000, pp. 15 – 24.

[96] Porter, M. E. , The Competitiveness Advantage of Nations, New York: Free, 1990. p. 122.

[97] Porter, M. E. , The Role of Location in Competition, *Journal of the Economics of Business*, Vol. 1, No. 1, Jan. 1994, pp. 35 – 39.

[98] Porter, M. E. , Cluster and New Economics Competition, *Harvard Business Review*, Vol. 41, No. 1, Sep. 1998, pp. 11 – 23.

[99] Ram Mudambi and Tim Swift, Multinational Enterprises and the Geographical Clustering of Innovation, *Industry and Innovation*, Vol. 19, No. 1, June 2012, pp. 13 – 45.

[100] Robert J. Hodrick Edward Prescott, *Post – War U. S. Business Cycles*: *An Empirical Investigation*, Pittsbursh: Carnegie – Mellon University, 1980, pp. 55 – 68.

[101] Rosenfeld, S. , Industrial Strategies: Regional Business Cluster and Public Policy, Aspen Institute, Washington, DC Rosenfeld S. 1996, Business Cluster that Work: Prospects for Regional Develop, Regional Technology Strategies Inc. , Chapel Hill, NC. 1995.

[102] Rugman, A. M. , D ' Cruz J. , *Multinationals as Flagships Firms*: *Regional Business Networks*, Oxford: Oxford University Press, 2000, pp. 182 – 194.

[103] Rutkauskas A. V. , On the Sustainability of Regional Competitiveness Development Considering Risk Technological and Economic Development of Economy, *Baltic Journal on Sustainability*, Vol. 14, No. 1, Jan. 2008, pp. 89 – 99.

[104] Ryohei Nakamura, Contributions of Local Agglomeration to Productivity: Stochastic Frontier Estimations from Japanese Manufacturing Firm Data, *Regional Science*, Vol. 91, No. 3, Feb. 2012, pp. 100 – 109.

[105] Sang – Chul Park, Competitiveness of East Asian Science Cities: Discourse on Their Status as Global or Local Innovative Clusters, *AI and Soc.* , Vol. 27, No. 9, Sep. 2012, pp. 451 – 464.

[106] Scott A. , The Roepke Lecture in Economic Geography the Collective Order of Flexible Production Agglomerations: Lessons for

Local Economic Development Policy and Strategic Choice, *Economic Geography*, Vol. 68, No. 1, June 1992, pp. 220 – 229.

[107] Sergio Mariotti, Lucia Piscitello and Stefano Elia, Spatial Agglomeration of Multinational Enterprises: the Role of Information Externalities and Knowledge Spillovers, *Journal of Economic Geography*, Vol. 5, No. 9, Feb. 2010, pp. 1 – 20.

[108] Shaleen Singhal, Stanley McGreal, Jim Berry, An Evaluative Model for City Competitiveness: Application to UK Cities, *Land Use Policy*, Vol. 30, No. 9, Sep. 2013, pp. 214 – 222.

[109] Sharma, S., Three Essays on the Economics of Agglomeration, Ph. D. dissertation, Syracuse: Syracuse University, 2001.

[110] Sinkiene, J., Competitiveness Factors of Cities in Lithuania, *Viesoji Politika ir Administravimas*, Vol. 29, No. 3, Sep. 2009, pp. 47 – 53.

[111] Sit, V. F. S. and Liu, W., Restructuring and Spatial Change of China's Auto Industry under Institutional Reform and Globalization, *Annals of the Association of American Geographers*, Vol. 90, No. 4, June 2000, pp. 653 – 673.

[112] Sölvell, ÖLindqvist. G. and Ketels, Ch., The Cluster Initiative Greenbook, Gothenburg: TCI Global Conference, 2003, p. 223.

[113] Stephan Manning, On the Role of Western Multinational Corporations in the Formation of Science and Engineering Clusters in Emerging Economies, *Economic Development Quarterly*, Vol. 22, No. 4, Feb. 2008, pp. 316 – 323.

[114] Stephen Young, Neil Hood and Ewen Peters, Multinational Enterprises and Regional Economic Development, *Regional Studies*, Vol. 28, No. 7, July 1994, pp. 100 – 109.

[115] Storper M., *The Regional World: Territorial Development in a Global Economy*, New York: Guilford Press, 1997, p. 20.

[116] Stuart S. Rosenthal, William C. Strange, The Determinants of Agglomeration, *Journal of Urban Economics*, Vol. 50, No. 2, Sep. 2001, pp. 191 – 229.

[117] Swann, G. M. P., Prevezer, M. and Stout, D., *The Dynamics of Industrial Clustering*: *International Comparisons in Computing and Biotechnology*, Oxford, 1998, pp. 187 – 198.

[118] Titze, M., Mrachert, M., Kubis, A., The Identification of Regional Industrial Clusters using Qualitative Input – output Analysis (QIOA), *Regional Studies*, Vol. 45, No. 1, Feb. 2011, pp. 89 – 102.

[119] Tonts, M. and Taylor, M. Corporate Location, Concentration and Performance: Large Company Headquarters in the Australian Urban System, *Urban Studies*, Vol. 47, No. 12, Sep. 2010, pp. 2641 – 2664.

[120] UNCATD, World Investment Report 1995, New York and Geneva: United Nations, 1995, p. 183.

[121] UNCATD, World Investment Report 1997, New York and Geneva: United Nations, 1997, p. 116.

[122] Vipin Gupta, Ram Subramanian, Seven Perspectives on Regional Clusters and the Case of Grand Rapids Office Furniture city, *International Business Review*, Vol. 17, No. 2, Feb. 2008, pp. 371 – 384.

[123] Vytautas Snieška, Jurgita Bruneckienē, Measurement of Lithuanian Regions by Regional Competitiveness Index, *Engineering Economics*, Vol. 1, No. 61, June 2009, pp. 45 – 57.

[124] Wolfgang Dauth, Agglomeration and Regional Employment Dynamics, *Regional Science*, Vol. 41, No. 9, Sep. 2012, pp. 113 – 119.

[125] Yasuyuki Motoyama, What Was New About the Cluster Theory? What Could It Answer and What Could It Not Answer, *Economic*

Development Quarterly, Vol. 22, No. 4, June 2008, pp. 353 – 363.

[126] Yasuyuki Todo, Weiying Zhang, Li – An Zhou, Knowledge Spillovers from FDI in China: The Role of Educated Labor in Multinational Enterprises, *Journal of Asian Economics*, Vol. 20, No. 2, July 2009, pp. 626 – 639.

[127] Yeung, H. W. , Liu, W. and Dicken, P. , Transnational Corporations and Networks Effects of a Local Manufacturing Cluster in Mobile Telecommunications Equipment in China, *World Development*, Vol. 34, No. 3, Feb. 2006, pp. 520 – 540.

[128] Yun – Chung Chen, Why Do Multinational Corporations Locate Their Advanced R&D Centres in Beijing, *Journal of Development Studies*, Vol. 44, No. 5, Oct. 2008, pp. 622 – 644.

[129] Zhang, Y. and Li, H. , Innovation Search of New Ventures in a Technology Cluster: the Role of Ties with Service Intermediaries, *Strategic Management Journal*, Vol. 31, No. 1, Feb. 2010, pp. 100 – 105.

后　记

　　静静地看着几经修改的论文打印文稿与参考资料，思绪万千，满心的感激之情油然而生。这篇博士论文得以顺利完成，特别要感谢我的导师崔新健教授。自 2009 年进入中央财经大学起，崔老师就教导我做学术研究需要的是真功夫，要有宽阔的视野与缜密的思维，要一步一个脚印、踏踏实实地完成每一个步骤，对此我一直铭记于心。

　　开学之初，崔老师积极地鼓励我申请校内外科研项目并给予细心指导，锻炼了我的写作能力并积累了项目申请的初步经验。同时，崔老师一有机会就带领大家去参加学术会议，近距离接触国内外学术的前沿与热点，并与我们交流心得，开拓了我们的思路。在正式进入论文写作之前，由于自己思路不清晰，方向不明确，老师在国外期间，还经常通过各种方式督促与指导我的学习，还专门安排我去听学院开设的文献课，提高了我对文献的搜寻与梳理的能力，使我受益匪浅。在论文的写作阶段，崔老师不厌其烦地提出修改意见，大到整篇论文的布局，小到用词的准确性、论文的格式，使我的论文得到了不断的完善和充实。回到宿舍，面对论文，梳理老师的教诲，令我深思之后是兴奋，见识与思路不觉精进，对老师的敬佩与感激之情油然而生。崔老师渊博的知识、严谨的治学、对学生认真负责的态度值得我一生去学习、借鉴。感激老师这些年在我身上倾注的精力，使我无论在学术上还是在生活中日渐成熟，今后唯有加倍努力，才能不辜负老师的期望。

　　感谢中央财经大学商学院的王巾英教授、孙国辉教授、张云起教授在我开题时提出的宝贵建议，感谢经济学院的戴宏伟教授在我遇到问题时的解答，同时也感谢张源老师对我的热情帮助与辛勤付出。

感谢中央财经大学商学院的同窗好友张宏伟、陶金元等，有他们的相伴，使我博士期间的学习和生活增添了不少的色彩。感谢同门的李毅师兄、方刚师兄等博士生朋友们，与他们一起使我的博士生活充满着欢笑、洋溢着温馨。感谢我的父母，多年来的求学生涯离不开他们背后默默的支持，以及无微不至的关怀。

最后，深深感谢母校——中央财经大学，为我提供了优质的学习与交流平台，我将秉承"忠诚、团结、求实、创新"的中财精神，谨记恩师教诲，再接再厉。在以后的工作和学习中继续拼搏，做出更好的成绩以回报学校、老师和社会。

曹衷阳

于中央财经大学城建北宿舍